사과에서는 호수가 자라고

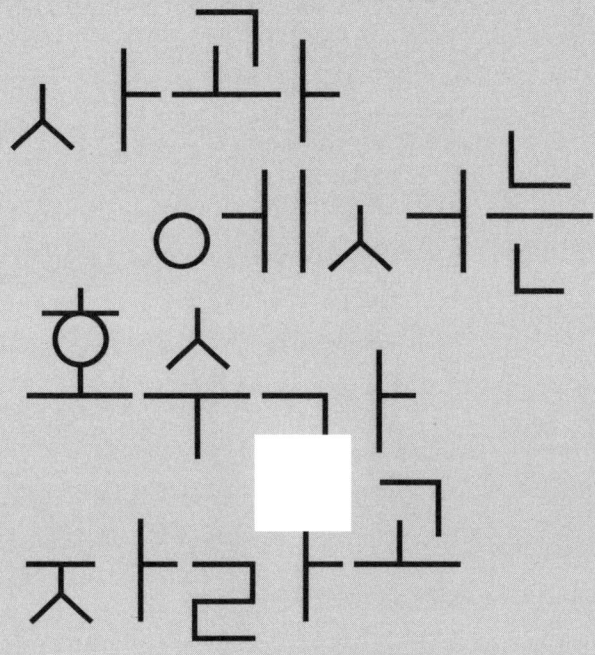

사과에서는
호수가
자라고

시인수첩 시인선 080

이어진 시집

여우난골

| 시인의 말 |

  밤이 깊을 때까지 물속을 걸어다녔다 물이랑은 내 마음의 갈피를 어루만지며 차게 울었다 한 번도 들어보지 못한 내 울음소리였다 나는 바닷물을 두 손으로 움켜잡았다
  내 손가락이 물속에서 조금씩 사라지는 순간이었다.

| 차례 |

시인의 말 · 5

1부 | 이런 냄새는 아무리 먹어도 질리지 않아

식탁 위의 풀밭 · 15

벚꽃 크로키 · 16

양귀비 · 18

목련 기술자 · 20

딸기밭 신드롬 · 21

탄생 · 24

봄의 무희 · 26

밤하늘의 이데올로기 · 28

눈송이 레시피 · 30

동백 · 32

입덧 · 34

구름의 기분 · 36

커지는 귀 · 38

장미숲 오페라 · 39

드라이플라워 · 42

2부 | 확 긋는 성냥처럼, 당신의 귀가 타올랐어요

사과의 시간 · 47

시놉시스의 뒷면 · 48

지붕 위의 무희 · 50

무중력의 꿈 · 53

모래 인간 · 54

감자의 말 · 56

로맨스 · 58

플루트 속의 분홍 장미 · 60

빨래들 · 61

초승달 · 62

감자를 통과한다는 말 · 63

배추의 환상통 · 64

나쁜 냄새 이해하기 · 66

마음의 동굴 · 68

빗방울 · 70

3부 | 너에게 흘러가는 느낌이 좋아

한쪽 눈이 음악에 감염되었군요 – 윌리엄 볼컴의 '에덴의 정원' 중에서 · 73

내재율 · 74

붉은 잎, 가득 흔들리기 시작합니다 · 76

코스모스와의 추억이야 · 78

붉은 우체통의 매혹 · 80

달의 거울 · 82

사슴의 詩 · 84

얼음 호수 · 86

셔츠의 웃음 · 88

레몬 · 90

하고 싶은 말 · 92

투명인간으로 사물 통과하기 · 93

소문을 잠재우는 법 · 94

미아 · 96

눈사람이 있는 마을 · 98

4부 | 길고 매혹적이고 목적지를 모르는 것

악몽 · 101

사물의 말 · 102

구름의 부족 · 104

소파를 위한 이중주 · 106

칸타타 · 108

사과에서는 호수가 자라고 · 110

미인도 · 113

바닷물이 웃는 게 좋아 · 114

눈송이와 얼음의 노래 · 116

레퀴엠 · 122

사루비아 · 124

햇빛 같은 목소리 · 126

눈송이의 불안 · 128

케이크가 된 사람 · 131

설레임의 혀 · 132

5부 | 산문

상상 너머에서 부르는 노래 · 137

해설 | 김춘식(문학평론가)
길고, 매혹적이고, 목적지를 모르고, 흘러가는 · 139

1부

이런 냄새는 아무리 먹어도 질리지 않아

식탁 위의 풀밭

 오후엔 풀밭 위에 앉아 식사를 한다 이것 좀 더 먹어 너는 접시 위에 꽃잎을 올려놓는다 아카시아 무성한 숲에서 비릿한 잎 냄새가 몰려온다 이런 냄새는 아무리 먹어도 질리지 않아 너는 고개를 끄덕인다 멀리서 먹구름이 후드득 떨어지고 너는 다시 아카시아 향기를 접시 위에 올려놓는다 이런 이런 꽃 냄새가 흘러넘치고 있군 조바심 나는 계절처럼 너는 꽃잎을 손바닥 위에 올려놓는다 생명선에 이상은 없는지 손바닥의 언덕이 웃는다 손금의 지평선에는 음식 걱정은 없을 듯한데 깊은 눈매로 바람을 긁어모으는 손가락에선 지난 계절의 빛 냄새가 난다 풀밭 위에 앉아 다리가 네 개였던 식탁 위의 봄을 생각한다 웃음을 곁들인 지난봄은 고기를 구우며 즐거워했다 하나만 더 먹어 너는 꽃잎 한쪽을 내 그릇 위에 올려놓으며 꽃 냄새로 빚을 갚을 수 있는지 묻는다 산등성이에 매달려 있던 구름이 하늘하늘 떨어진다 이런 냄새는 아무리 먹어도 질리지 않아 우리는 풀밭 위에서 식사를 한다 꽃 멀미가 이는지 두 눈에 꽃물 든다

벚꽃 크로키

#1

**넌 모자를 벗어 나무에 씌우지 머리 위로 날아온 새들
꽃잎만 한 공기들,**

꽃의 그림을 그리는 바람을 본 적 있네 혈흔을 묻혀 화점을 찍은 우리가 머문 건 봄의 허리 그 능선이 아득하여 자주 절벽으로 흩날렸네 구름은 복면의 바람으로 방문하고 나무처럼 서 있다 지는 꽃잎으로 사라졌네 나무의 어깨를 감싸 쥐면 손 안 가득 감기는 자취 나이테 안에 넣어두자 했네

#2

**테라스 밖 파란 이파리가 창을 두드려,
구름의 눈망울이 오후의 심장을 두드려,**

네 손은 아름답게 잎을 매달지만 꽃잎은 점점이 떨어지고 말지 검게 쌓이는 꽃잎들 바닥을 덮으며 어두워졌네

#3

이 순간, 날카로운 언약이 흩날리지
연필의 피를 뒤집어쓰고 피어난 나 잎잎이 저려 바스락거리지

꽃잎 같은 이빨의 낙서가 공중을 돌아다녔네 나무 안으로 성큼성큼 걸어 들어온 구름 하나를 생각하며 깊어가는 밤, 언덕 밑 구불구불한 길 아래로 아득히 걸어가던 봄의 시간들

양귀비

누군가 귀비 귀비 하고 불렀다 의자가 일어나고 커튼이 걷혀지고
닫혔던 문이 열렸다 하고 싶은 말을 손톱 속에 넣고 단추를 매만지던 손가락 끝에서 오후의 구름이 가지런했다 그 꽃은 희귀한 꽃이랍니다 중독성이 있답니다 중독성이란 말에서는 고층 빌딩 난간에 매달린 꽃 냄새가 났다

주머니 속에 풀을 키우는 손과 단추를 채워주는 눈[目]과 주전자에 끓인 생각으로 한 잔의 차를 증발시키는 바람

그 바람 속에 들어앉은 풀처럼 우린 허공에서 살림을 살고 싶었다 아늑한 처마를 만져보는 바람의 집에서 귀, 귀 하고 부르면

나는 먼 나라의 황후가 된 듯, 한 손으로 이마를 짚고 태양의 꽃을 연모해 보는 것이다

귀 귀 하는 말들, 언젠가 내가 토해낸 부끄러운 말들이 죄다 꽃이 된 것 같아 그 쑥스러운 생각들이 모두 꽃을 틔게 하는 바람 같아 나는 뿌리에 스며 조용한 달빛을 내밀고 싶다

누군가를 염려해 주는 마음은 전부 꽃이다 수풀 속에 숨어 있는 근심도 그 근심을 가만히 공중에 달아 주는 바람도

목련 기술자

 꽃잎이 손톱으로 조금씩 번져오는 정류소 앞 머플러는 바람을 재촉이며 걸었네 어머니는 나무 밑에서 무언가를 끓여내고 있었지 내일은 나무의 얼굴이 좀 더 싱그러워질까 가족들을 뒤적이던 어머니 창을 열고 밖을 내다보곤 했네

 일요일엔 두 손을 모으고 착한 여자가 되고 싶었네 내 무늬를 좋아하는 남자와 키스를 하고 돌아와서는 차곡차곡 빨래를 갰지 아무리 빨아도 지지 않던 흰색 팬티 위에 돋은 달[月], 얼룩이 부끄러워서 창밖은 철마다 목련 꽃잎을 피워낸다 나무 위에서 꽃잎은 다리가 길어지고 치마 길이가 짧아지고……

 나무 밖으로 하얗게 흘러나오는 여자들 목련 하고 부르면 자물통이 잠긴 집을 열어줄 것 같다 목련을 생각하는 동안 창문은 세탁기에서 뭉개진 꽃잎을 꺼내 빨랫줄 위에 사뿐사뿐 걸고 있다

딸기밭 신드롬

푸른 들판 위를 걷고 있어
시계를 거꾸로 돌려 우리가 처음 만났던 시간으로 가는 중이야
너는 엉거주춤 딸기밭 위에 앉아 딸기씨 같은 나에게 수작을 걸고 있네
너는 내 입속에서 침을 흘리고 있구나
나는 커다란 딸기와 눈이 맞아서
네 입속의 발기된 혀와 키스 중이야
너는 구름이 만발한 딸기밭에 앉아서
푸른 하늘의 커다란 의자를 빌려와 나를 앉혀놓고 청혼 중이지
딸기밭 옆에 무릎을 꿇고
하루 종일 딸기를 먹을 수 있도록 결혼해 주시겠어요
입속의 딸기를 하늘 위에 붉게 띄워놓고
심장 속의 키스를 구름 안에 집어넣고
내게 고백했지
황홀했냐고, 그럼 물론이지
얌전하게 나는 딸기가 되고 싶었지

딸기 안의 부드러운 혀를 데려와 레몬향이 퍼지는 창가에 앉아
노을이 짙어가는 호수 위에 배를 띄우고 밤 산책을 나가고 싶었네
오후엔 산들거리며 딸기밭 위에 둘러앉아 찬송가를 부르고 싶었지
그러나 딸기밭은 빨리 시들고 딸기들은 너무 아름다워
우리의 꿈은 동화책 속으로 숨어들었지
딸기밭 위에 앉아서 동화책을 읽어주는 엄마를 만날 수 있게 예쁜 아기를 낳게 해주세요
동화책 속의 딸기들이 말했네 예쁜 아기를 잡아먹는 매혹적인 마녀가 나오는 동화책이 되게 해 주세요
두 손을 모으고 저녁 기도를 올리는 내게 하나둘 딸기들이 몰려왔지
이름이 정다운 딸기 시를 좋아하는 딸기 돈을 잘 버는 딸기 물고기 요리를 잘하는 딸기
우리들의 딸기밭 매혹적인 동화책 안에서
발기된 외로움을 꼭 껴안으며 붉은 눈물을 흘렸지 나

는 맛있고 너는 맛나고 계속 계속 자라는 딸기가 되고 싶었지

  시계를 거꾸로 돌려 우리가 다시 만났던 시간 앞에 서 있는 중이야

  당신은 지금 어디에 있는가 우리들의 딸기밭이 붉게 타오르는데

  구름은 지금 어느 밭에서 뱀처럼 붉은 혀를 토하는가

  우리들의 딸기 아름다운 핏빛 멍 안에서

탄생

#1

목을 꺾어 화병 위에 올려놓습니다 한 송이의 장미가 천 송이의 심장으로 발아되는 순간 천 송이의 꽃잎은 귀를 기울입니다

숨이 훅하고 끊기는 순간의 떨림을 먼 곳의 구름이나 바람은 예감할 수 없지만 장미의 체온으로 태어난 후예들은 압니다 심장으로 번져가는 떨림에 귀를 기울이고 한 송이의 장미가 천만 송이의 심장에서 다시 태어나는 순간을

당신이 내 눈 안에 손을 넣고 눈의 습도를 알아내는 순간

#2

피어올라라 장미의 전설을 뒤집어쓰고 오월의 나뭇가지 위에 맺혀 있던 석양의 딸들아 아버지의 양식이 되어주던 빛의 소란한 어깨들아 울타리를 넘어 피어오르던 작은 꽃잎들아

폭우는 내 입술 위에 눈알을 얹고 푸른 이빨을 하나씩 뽑아가고 있었네 이런 이야기는 밤새 쏟아지는 공포의 밤을 닮아서 나는 화병 안에 심장을 꺼내놓고 물 안에 가만히 앉아 있었네

 당신의 심장 안에서 잠들고 싶어 잠들고 싶어 외치는 죽은 장미의 영혼 교수형에 처한 장미의 눈물이 먹먹해지는 밤

 죽은 장미는 언제나 아름다운 법 천 개의 꽃잎이 은빛 바퀴 굴리며 달려가는 밤 당신이 나의 목을 들고 교수대 위로 천천히 걸어가는 꿈

 #3
 내 머릿속 화병 안에 장미의 목이 떨어져 있었다 피가 철철 넘쳐흘러 아름답고 발칙한 꽃잎으로 환생하소서 당신이 내 몸에서 다시 태어나는 순간 나는 가만히 심장 안에 잠든 꽃의 이름을 불러보았다

봄의 무희

구름은 말을 눈 안 깊숙이 감추네 내 앞에선 길어진 그림자만 떨구고
봄의 웃음을 얼굴에 쓰고 채소가 늘어선
정오의 시장에 가네
내 눈동자를 빼내어 지폐의 주머니에 넣고
흔들흔들 시장 안을 걸어봤으면
구름의 눈 속에 내 집요한 문자를 한 획씩
집어넣을 수 있다면
이빨들을 빼내어 장미의 주머니에 넣고
산들산들 공원 안을 산책하고 싶어
장미가 얹힌 붉은 담벼락 봄의 말 없는 입처럼 고요하지만
시간은 고개 숙인 태양으로 벽돌의 어깨만 흘리고
나는 봄의 머리를 얼굴에 달고
책의 문장 안에 스며들고 싶어
엎드린 동경과 싱그러운 연민 활활 타오르는 언덕을 지나
온종일 물결을 서성이는 파랑과 하양의

파장이 차오르는 바다를 지나
오지의 정글을 회오리로 스쳐 가는 나무들의 뿌리를 오르며
봄의 눈동자에 내 눈동자를 포개 얹고
바람 위를 나직이 흘러가고 싶어
공기의 말을 기둥에 넣고 안으로만 타오르는 촛불의 무희
내 날개를 접어 봄의 날개에 끼워 넣고
화창한 풍경 속을 날아봤으면
붉은 태양이 걷고 있는 오후의 거리
구름의 시간을 충분히 빌려 올 수 있다면

밤하늘의 이데올로기

별

별의 씨앗이 몸속에서 발아되면 얼굴 위에 돋아나는 별의 저녁, 밤하늘의 웃음을 데려올 수 있을까요 검은 장막 속에서 대화를 나누던 문장을 완성할 수 있을까요 심장이라는 이데올로기, 별을 던져 버리는 손은 누구의 하늘입니까 어제의 별은 오늘의 사과씨일까요 그 씨앗 안에 고여 있던 한 개의 별, 들판으로 던져져 고요한 웃음소리를 냅니다 그 웃음소리는 대지의 기운을 뿜어냅니다 구름의 눈가에 맺혀 있던 별을 내 눈가에 간직하고 돌아오던 밤이었습니다 밤의 입가에 피어오르던 문장의 징검다리처럼 침묵이 흘렀습니다 서로를 바라보지는 못하는 나무들의 표정이었습니다 구름의 별은 밤하늘로 날려 보내고 지상의 별은 구름의 생각 안에 살게 하는 마음이었습니다 그 별이 대지의 심장을 뚫고 들판 위에 피어날 수는 없는 걸까요 별의 고독한 냄새를 맡고 몰려드는 밤하늘들, 나의 별은 어떤 얼굴로 공중의 눈빛 안에 흘러 다닐까요 비가 오듯이 머리 위에 조금씩 쌓이는 별빛들 나를 적셔오는 별 한 방울, 사람들이 드문드문

흘러 다니는 밤하늘에 가만히 내려놓고 저 멀리 달려가 던 그대 찬 손

달

달의 얼굴이 나뭇가지에 걸려 있습니다 새순은 저쪽 나무에서 이쪽 나무로 뛰어옵니다 나뭇가지가 어두운 잎사귀를 매달고 있습니다 반쪽 달을 지우려 다른 반쪽 달이 흘러내립니다 원래 하나였는데 어느 날 여럿이 되어버린 잎사귀처럼 나무들은 은하로 흘러갈 것 같은데 구름의 이름을 부르는 순간 눈가에 맺힐 이슬이 생각나 구름의 이름을 생각 안에 넣어두었습니다 달은 다른 세계에서도 온 세상을 아름답게 비추고 있을까요 오페라가 흘러나오는 골목길 창문들이 어깨를 기대고 있습니다 이 생에서의 빛남이란 어둠으로 채워지는 미완성의 빛일까요 미열이 가득한 표정의 밤하늘은 나뭇잎으로 반짝이고 있습니다 떨어진 달빛은 오래된 연인 같아서 책갈피에 꽂아두고 그리울 때마다 넘겨보았습니다 그대가 떠오를 때마다 하늘 한편에 둥실 떠 있었습니다

눈송이 레시피

우리는 먼 곳을 향해 날고 있는 눈송이의 이름을 불렀다
눈물이 육각형으로 매달려 있었다 여름의 감정은 눈송이로 흩어졌다
눈송이 안에서 각진 눈물방울 같은 냄새가 뿜어져 나올 때 공기의 눈동자에 가느다란 속눈썹을 붙이고 긴 여행을 떠나고 싶었다
오래전 구름의 엽서를 받은 후 아주 오랜 후였다
내가 가볍게 날아다니는 걸 눈치챈 걸까
지붕이라면 내가 포근하게 덮어주는 걸 상상하고 있을지도 모르지

누군가 일곱 개의 사과와 돌멩이가 날아다니는 동화책을 읽었을지도 모르는 눈송이 안에서 객석은 극장의 화면 속을 폭설로 내리는 여름 풍경으로 앉아 있을지도 모르지
그건 미래에서 온 눈송이, 나뭇가지를 흔들고 지나가는 바람으로 눈송이의 혓바닥 위에서 맛나게 스며드는

주인공들처럼 우리는 서글프고 날 선 서로의 윤곽을 핥았다

 한 번쯤 눈송이에게서 편지를 받고 싶다 눈송이의 머릿속을 흘러 다니는 구름의 손가락은 흘러내리는 빙수, 나는 조금씩 사라지는 눈송이 안에서 정오의 시간을 음미하고 있다

 사각사각 눈송이가 스며드는 소리가 들렸다 오래전 내가 얼음을 상상하던 그 눈빛 안에서 길고 긴 미로가 얽힌 육각형의 눈송이 안에서

동백

> 얼굴보다 먼저 땅에 떨어진 게 있었다
> 꽃잎뿐만 아니라 꽃을 피우도록 애간장을
> 다 바친 뿌리의 눈알이 흥건히 고여서…….

나무가 뜨거운 불이었을 때 쉼 없이 활활 타올라 온몸의 기운이 한쪽으로 쏠리고 마침내 거대한 숨을 참지 못해 꽃잎을 피우는 봄밤 어딘가로 솟구치고 싶은 마음에 방문을 연다

차고 축축한 나뭇가지의 방에서 걸어 나오는 겨울 곰 한 마리가 나무 밑에 가 눕는다 당신이 겨울 동안 남극이며 저 북쪽 툰드라 지역 어딘가를 돌아다닐 적에 당신의 가죽이 되어주었던 곰

당신이 그토록 기다리던 동백이 드디어 폈는데 꽃을 보아 줄 이 없으니 그게 서럽다고 나뭇가지들이 앞다투어 울었다 나무 안에서 기어 나온 곰이 해맑게 웃는 무색한 봄날 길게 뻗은 곰의 발바닥 안에서 새싹들이 움텄다

울지 않겠다고 약속했지만 겨우내 울고 있었다 뿌리에서부터 터져 나온 빗물이 창문마다 철창을 짓고 있었다 누군가 이 성가신 봄을 가만가만 어루만지고 있을 것이

다 똑 하고 떨어진 꽃잎을 검은 곰이 날름날름 핥아먹고 있다 곰 하고 불러보다 어느 한 날 곰의 얼굴을 빌려올 수 있을까 얼굴이 없어진 날부터 나는 사실 당신 얼굴을 내 몸 위에 얹고 어슬렁어슬렁 공원을 돌고 있는 상상을 하느라 꽃잎이 툭 하고 떨어지는 줄도 모르고

입덧

달이 다녀간 뒤 내 몸에서는 달앓이가 시작되었다
내 입안에서 자라는 너의 손가락
나는 빈 들판처럼 아름다운 달빛을 내밀고 싶다
나의 꽃은 가장 작고 신비한 방 꿈에 꽃술을 섞어 놓아
누군가 걸어 다니는 방
오직 너만이 나의 배 위에 머리를 묻고 내 꿈을 엿듣는다
나는 손톱을 다듬고 너의 머리를 쓰다듬다
한 움큼 달빛을 꺼낸다
달빛 속에는 너의 어린 소년이 걸어 다닌다
소년의 다리 아래에는 아름다운 언덕이 있고
그 숲속에서 달빛이 점점 짙어져 우리의 몸을 지운다
이 잠은 너무 달콤해 너에게 배달할 수가 없다
너는 쌔근쌔근 내 눈 안에 손을 넣고 숨을 뱉는다
이 우물은 너무 깊어서 별을 가둘 수가 없다
달이 우물에 빠지던 날 달개비꽃이
우물가 숲속에 피어 있었지
내가 생각나 얼마큼 생각나 그늘진 길에 쌓인

비가 너무 따뜻해 길 위에 앉아 있을 수가 없다
너는 내 눈 속에 파란 잎의 꿈을 심는다
나의 몸이 파랗게 발효된다
나의 잠을 엿듣는 누군가의 눈빛에 파르스름한
달빛이 고인다

구름의 기분

얼굴을 배꼽 안에 넣어두면 겨드랑이에서 날개가 생겨났지
웃지 않아도 몸이 즐거워지는 상상
너는 사라지는 내 몸을 좋아했지
하루는 날개 하루는 눈 하루는 몸통
없어진 나의 몸을 사랑하고 슬퍼하고 소장하면서
나는 토요일의 구름을 베고 누워 있자고 했고
너는 일요일의 사과 안에서 놀자고 했지
그런 요일엔 모자들이 즐거운 소풍을 가고
도시락 안에서 나란히 앉아 구름을 먹었지
너는 구름이라고 내게 속삭였어 나는 나비라고 답했지
풀밭 위 꽃들은 고요한 얼굴을 쓰고 있었지
날개가 없어도 날아다닐 수 있을까
스르르 눈이 감기고 나는 쏟아지고 싶었지
너는 일요일의 어깨 위라고 말했고
나는 토요일의 빵집이라고 답했지
그런 생각은 어디로 달려가는 걸까
우리의 날개는 자꾸만 찢어지고 있었지

팔과 다리와 몸과 얼굴이 흩어져 자유로운 시간
너는 갓 구워낸 빗물처럼 점점 많아지고 있었고
나는 갓 피어난 벌레처럼 점점 가늘어지고 있었지
둥글게 퍼지는 동그라미들 옆에 누울래
나는 없는데 너는 더 나를 사랑하고 있었지
나의 없어진 손을 꼭 잡고 아래로 아래로
동그랗게 나비 무늬를 그리며
날개를 빗물 속에 넣어두고
나는 크고 아름다운 눈동자를 꿈꾸기 시작했지

커지는 귀

 매일 귀가 자라는 사람을 아세요? 당신이 건네주는 말을 이해하지 못해 귀의 한쪽에는 이야기가 자라요 천 년의 시간을 달려온 바람이 한쪽 귀를 기울이고 당신 앞에 앉아 있다고 생각해 보세요 초원을 달리고 싶던 엉덩이가 공원 안을 쏘다니고 있을 거예요 당신의 귀를 처음 보았을 때 자꾸만 기울어지는 마음 이야기가 듣고 싶어 공원으로 갔었죠 동물에게 먹이를 주는 사육사처럼 당신은 바람을 닮아 나무 위에 걸어 놓았지만 처음에는 무슨 말인지 알지 못했죠 당신의 귀는 점점 커지고 땅에 닿을 큰 귀가 되어갔죠 긴 코에서 뿜어져 나오는 태초의 시간으로 뒷걸음질 쳐 걸었지만 이해되지 않는 발자국은 들리지 않아 점점 커지는 당신의 귀, 이젠 두 귀[耳]를 땅에 대고 누워버렸네요 들리나요, 당신을 향해 걷고 있는 발걸음, 당신을 흉내 내며 공원 안을 돌고 있어요 귀와 귀를 맞대고 공원 안을 걸어봐요 내 커진 귀에 당신의 귀를 붙여봅니다 바람이 훌쩍 편지를 데려가네요 당신께 드리는 공원의 선물입니다

장미숲 오페라

깡통 속에서의 성가

저녁은 푸른 바람으로 들끓었고 달빛은 꽃들과 깡통 속에 담겨 웃고 있었네 **황금 양모피 위에서 뱅글뱅글 돌아가는 저녁의 시간들**, 더 이상의 거짓말은 죄악, 창문이 없는 지붕 속에서 나 저 꽃잎과 하늘하늘 눈 맞추며 놀아날 거야, *어머니의 성가 소리를 들으며 주머니에선 자꾸만 애인이 자라고 있었네* 저녁이 불러주는 노래, **석양이 흘러내리는 문장을 따서 주머니에 담았네**

지빠귀 새에게

총에 맞은 지빠귀 새처럼, 꽃의 문장은 점점 달콤해졌네 옆구리에서 흘러나온 꽃송이를 나는 좋아했네 **당신의 쇄골 뼈와 내 쇄골 뼈를 엮어 넝쿨을 짰네** 장미의 이름으로 입술은 붉게 피어오르고 눈물이 가시에 덮여 더 이상 자라지 않는 부위, **우리들의 눈알은 붉은 눈알**, 가시의 문장과 꽃의 문장이 으깨어진 줄기를 피워 올리지

노래

저녁 강에 앉아 두 손을 강물에 놓아준다 내 안의 붉은 기운들, 손목이 잘려 펄럭이는 티셔츠, 장롱 안에 서식하는 장미들, 붉은 알이 흘러가는 강물, **달을 차고 붉은 담장을 넘는 사랑했던 사람,** 저녁 숲에 앉아 발자국을 바닥에 풀어준다 달의 입속에 담긴 어깨는 아치형 동굴처럼 아늑해서 슬픔을 알알이 익혀 먹기에 좋았네 공기를 겹겹이 껴입은 방, 뼛속 깊이 차오르는 고양이 눈알이 붉은 꽃잎으로 맺혀 있던 방

흔적
이것은 태양이 창문에 새겨놓고 간 흔적, 트렁크를 열 때 보았던 발자국, 국숫발 같은 더위가 빨랫줄 위에 걸려 있었네 손톱을 물어뜯으면 한 바가지 석양이 바닥에 쏟아졌네 **이 피를 묻혀 밤새도록 그림을 그릴 거야 꽃잎을 땋아 내린 당신은 나의 야윈 몸에 문신을 남겼지만** 내 얼굴은 침묵에 지워지고 있었네 구름의 문장을 감고 지붕 위로 오르고 싶어, 머릿속에서 흘러나온 꽃잎이 말했으나 잠긴 시간은 꽉 물려 검은 꽃잎으로 변해갔네 트

렁크 문이 어둠을 조이는 이곳은 밀폐된 방, 죽은 태양의 바퀴를 따라 걷다 보면 어느덧 방을 탈출하고 있는 꽃잎들, ***입 벌리고 트렁크***

드라이플라워

 너는 장미 프리지어 안개꽃의 이름을 부르며 그녀들을 추억한다 그녀의 볼에 날아와 박히던 은빛 바퀴의 태양들, 꽃들이 벽에 걸려 있다 네 숨소리를 들으며 그녀들의 웃음이 허공을 날아다닌다 너는 창문을 연다 창문 밖에서 들리는 웃음소리는 달빛을 닮았다 너는 아이처럼 침대 위에 누워 있다 그녀들이 벽 위에 매달려 있다 붉은 장미는 너의 어린 눈동자였는데 그 냄새는 잊히지 않는 구름의 안경이다 프리지어는 너의 등에 매달린 노란 가방이었는데 네가 사랑한 연탄가스다 안개꽃은 학교 앞에서 저 멀리 손짓하던 젊은 엄마의 치맛자락이다 너의 방 안이 그녀들의 웃음소리로 흔들거린다 너는 붉은 언덕길을 내려간다 풀들이 따라온다 너는 풀을 헤치며 걷는다 너는 이제 어린아이다 저 멀리 보이지 않는 곳의 세계가 궁금하다 큰 키의 나무숲이 낮은 길을 끌어당기는 한강이 보인다 너는 더 가지 않는다 버스가 지나간다 흙먼지가 인다 너는 버스를 타지 않고 길고 긴 신작로 길을 걸어 집으로 돌아온다 밤안개가 공장에서 흘러나온 매연을 덮는다 학용품을 살 돈이 없다 먹을 것이 없다 몸이

마른다 마른 꽃잎들이 벽 위에 매달려 있다 네가 하나의 꽃잎 속에 들어가 눕는다 벽 위에서 너는 웃는다 너와 그녀들의 웃음소리가 너를 폭파시킨다 너는 공중 분해된다 아직 그녀들은 벽 위에 매달려 있다

2부

확 긋는 성냥처럼, 당신의 귀가 타올랐어요

사과의 시간

 나는 어떻게 사과의 얼굴을 갖게 되었는지 모른다
 바람을 깨물으면 사과가 굴러오는 소리 나뭇잎이 공중을 밀어 올리는 소리 들려 나는 나무 위에 앉아 사과와 사귀고 싶었다 붉은 혀가 나뭇잎을 헤엄치는 사과 하늘이 목구멍으로 감겨오는 사과 저녁이 둥근 머리를 쓰다듬는 사과 노을 깔린 뒤꼍을 걷다가 우물 안을 가만히 들여다보는 사과다
 어둠 속에서 나뭇가지는 손을 더듬어 나를 찾았다 나무 위를 기어다니며 사과 하고 불렀다 나는 듣지 못한 듯 느끼지 못한 듯 나무 위에 올라가 답했다
 네가 와 주어서 나는 저녁의 사과가 되고 네가 수줍게 웃어서 나는 붉게 물들었다 사과 하고 부르면 네가 나를 깎아 흰 접시 위에 올려놓을 것만 같아 저녁 내내 숨바꼭질이다 누군가 나를 부르며 허공 위를 뛰어다닌다 나는 둥근 길을 따라 걷다 나무 위에서 **빨갛게** 뛰어내리고 싶었다

시놉시스의 뒷면

물의 습성을 슬픈 화면 안에 담가놓는다
백치의 풍경으로 보이는 모습은 한층 감미로울 것이다
부드러운 살갗의 느낌은 관자놀이에서부터 타올랐다
당신이 보내준 밤과 낮의 줄무늬에선
하양과 검정의 격렬한 감정이 처형되고 있었다

그것을 복숭아가 열리는 과수원의 외연이라고 하자
당신의 지문과 나의 지문은
봄이나 여름, 가을의 시놉시스를 나뭇가지마다 걸어둘 것이다
나무에서 꺼낸 붉은 알맹이는 검은 눈빛 흘리고 있었는데

당신은 더 아름다운 복숭아의 계절을 찾아 떠나고
그 외연의 통조림을 내게 보내왔다
혀의 관습은 과일의 온도와 밀애한다
당신을 스칠 때마다 돋아나던 눈물

나는 깡통 속에 들어가 한 개의 복숭아와 얼굴을 교환한다
　복숭아가 열리지 않는 계절엔 나의 저녁을 기억해 주렴

지붕 위의 무희

#1

숲의 등을 타고 오르는 날이야
눈 안에 숲을 구겨 넣고 춤을 추었지

묘지의 머리 위에 풀이 돋기 시작했다 빗방울은 흐느끼고 산 그림자는 들길처럼 강의 허리를 통과했다 해가 저물자 봉분은 피어나기 시작했다 어둠의 어깨들이 푸릇한 무덤에 기대어 구름의 눈물을 어루만졌다

#2

너의 등을 밟고 산책을 하는 날이야

굵은 생각 속으로 구름이 왔고 나는 방패가 없었다 비밀 봉지와 비닐봉지는 달빛을 두르고 안개를 피워 올렸지 울타리가 없으므로 바람을 막을 수 없었다 풀이 솟

아올랐다 무덤의 이마 위에 달을 파먹은 산의 묘지가 피어올랐다

#3

      우리는 무덤 안에서 숨죽여 있었네

 눈 안에 넣어둔 대숲이 술렁였다 그 숲에 살던 벌거벗은 우리들은 묘지 위를 어슬렁거렸다 봄은 왔고 봄 길을 울며 떠난 나비의 날갯짓이 봄비를 불러왔다

#4

      나비야 소풍 가자 봄 햇살이 설레고

 묘지는 관절이 모두 꺾여 있었다 우리의 무덤 위엔 우

리의 풀잎만 고양이 발자국처럼 나부꼈다 너의 이마 위에 조붓이 걸려 있는 초승달처럼 나 오래 귀 기울이다 돌아서는 하얀 안개의 무희, 숲을 안고 깊은 잠에 빠져 있는 너의 귓바퀴에, 호곡에 맞추어 춤을 추는 얼굴 없는 발가락

무중력의 꿈

팔이 길어지는 느낌 잠이 점점 불어나고 베개 안에 쌓이는 구름들 허공을 둥둥 떠다니는 다리가 하얀 커튼들
내가 도무지 기억나지 않는 잠
잠 속에서 만난 목이 긴 장미와 장미의 신발들
신비로운 촛불을 피워놓고 무중력의 힘으로 떠다니고 싶었다

행성들이 떠다니는 공중 위, 바람으로 흘러 다니는 잠

느낌이 사라진 얼굴로 떠다니면 우리는 가벼워지고 아주 오래 흘러 다닐 수 있을 거 같다
모두가 잠든 하늘 속 우리는 가벼워진 팔다리를 흔들며 여행하듯이 두 팔을 벌려 달려간다

아무도 우리를 밀어내지 않는 안전한 궤도를 꿈꾸며

모래 인간

 모래가 반짝이는 바닷가를 걸었다 맨발이었고 달빛이 발등까지 흘러내리고 있었다 몇 개의 돌멩이가 모래 위에서 빛났고 달의 눈이 바다의 먼 끝을 바라보고 있었다 파도가 돌아누울 적마다 모래들이 차게 빛났다 온화한 달의 손가락이 여자의 그림을 그릴 것 같은 저녁이었다 남자와 여자는 행복하게 누워 있었다 젖은 눈을 반짝이며 여자는 하늘을 바라보고 있었고 숲이 가까이에 있는지 새소리가 아름답게 들렸고 여자의 몸에서는 차가운 숨소리가 흘러나왔고 바람 소리를 내며 바다의 입술이 움직이는 것 같았고

 시간이 흐르고 남자의 한쪽 팔이 허물어지고 있었다 여자의 얼굴은 반쪽이었고 두 팔이 없었고 남자는 얼굴만 있었고 민가에서 흘러나온 가느다란 불빛이 파도 소리를 내고 있었고 여자는 한쪽 가슴만 있었고 남자는 반쪽 남은 얼굴만 있었고 수평선 끝에서 달려온 물이랑이 남자의 남은 얼굴을 적시고 있었고 남자는 하나밖에 남지 않은 눈으로 여자의 흩어지는 모습을 바라보고 있었고 마침내 여자의 흔적 위에 쏟아져 내리고

나는 물소리를 들으며 밤이 깊을 때까지 물속을 걸어 다녔다 물이랑은 내 마음을 어루만지듯 차게 울었고 그 소리는 한 번도 들어보지 못한 내 울음소리였다 나는 바닷물을 두 손으로 움켜잡았다 내 손가락이 점점이 사라지는 순간이었다

감자의 말

당신이 나를 창문 밖에 던져 버린 후, 남의 집 처마 밑에서 더부살이하며 핀 꽃
꽃 지고 둥글게 매달린 혹 같은 열매

싹이 돋는 날을 기념하기 위해 태양이 찾아왔군 내 몸 한쪽에선 별이 뜨고 별의 통점을 각인시키며 비 오는 날의 기분을 머리카락 위에 올려놓았지 슬픈 물방울은 수없이 많은 눈동자를 만들고 나는 감자로 태어나는 꿈을 머리맡에 두었네 무한한 대지에서 무럭무럭 자라나는 상상을 했지

당신의 나라에는 마음이 큰 감자가 있을까 혹은 뒷모습이 아름다운 감자가 있을까 수없이 던져보던 우문, 당신의 나라에는 생각이 깊은 감자가 있을까 무한정 즐거운 감자가 있을까 갸웃거리던 호기심, 그러나 나는 감자가 되지 못하고 감자가 되다 만 꿈을 꾸었네 감자의 몸에서 사람이 열리는 상상을 하다가 우주를 들여놓을 만한 커다란 감자가 되는 생각을 하다가 당신의 몸에 주렁

주렁 열리는 상상을 했지

 찔레꽃도 아니고 배꽃도 아닌 감자꽃 안에 살던 나를 초대하던 날 나는 식탁 위에 앉아 있었네 흙냄새가 범벅인 나를 맛보는 구름

 나는 감자가 되었지 바람의 눈물로 대지 위를 떠돌며 못생긴 생김새가 생겨나던 날

로맨스

#1

귀가 무수히 돋아난 벽, 방 안을 흘러 다니는 귀, 당신 귀에서 흘러나오는 진하고 부드러운 물

남자는 오른손에 구름을 들고 왼손으로 여자의 머리를 쓰다듬고 있어요 거울 속의 여자는 남자의 귀를 만지고 있었죠 진한 흑설탕이 흘러나오는 싱그러운 사람 관심 있어요? 행복이란 말 잘 사용하지 않는데 귀를 만질 때 느껴져요 귀 귀 발음하면 귀가 잘린 남자가 나타날 것 같죠 귀가 둥둥 떠다니는 방, 귀의 웃음소리 귀들 떠다니는 귀신들

#2

확 긋는 성냥처럼, 당신의 귀가 타올랐어요 그 순간 맺히는 귓가의 불꽃 그걸 로맨스라 하면 어떨까요 늘 듣고 있는 희귀한 귀 오늘은 귓속이 온통 언덕길이에요 나무들 모여 있는 숲처럼 줄줄이 귀를 세우고 싶군요 어제의 숲속엔 햇살과 바람이 순한 귀를 열어두었다는군요

이런 귓속은 어때요 사과 소스가 얹힌 물고기가 회 떠진 귓속 고래 등 위에 혀를 꽂은 구름이 광활한 귓속 귓속에 갇혀 있던 모든 귀들이 날름거리며 귓속에 돋아난 귀를 잘라먹었던 거죠 귓속 남자는 아직 귓속에 남아 잘려도 계속 자라는 귀 이야기를 떠올리고 있을지도요

구름과 나무와 바다와 바람이 커다란 귀를 펄럭이는 곳

플루트 속의 분홍 장미

플루트의 구멍에 웃음이 매달려 있다
장미 꽃잎이 한 잎 한 잎 피어나는 동안
나는 튀어 오르는 얼굴을 꽃잎 안에 감추고
터져 나오려는 손가락을 줄기에 끼워 넣고
사뿐사뿐 공중을 걸어 다닌다
내 팔목 위로 꽃잎이 피어난다
한낮이 이불을 담장 위에 널어놓고 구름 위를 걸어간다
손가락이 플루트를 연주하는 동안
나는 태양의 표정으로 골목의 안색을 살핀다
철조망 위에 덩굴장미를 그려 넣고
나의 어린 소녀들을 골목 안에 풀어 놓는다
바람은 흰 손이 팔랑이는 자전거 바퀴 무늬 눈동자
너는 내일을 굴리며 골목을 지나간다
나는 심장이 아픈 듯 황홀해진다

빨래들

 세탁기가 돌아가는 동안 정글 숲속을 상상하면서 사자 한 마리가 골목을 돌아다니는 것을 떠올려 본다 꼬불꼬불 엉켜서 미로 같은 길 그 길 끝에 서 있던 사슴 그림
 셔츠 위의 사슴은 뛰지 못하지 뒤에서 달려오는 사자의 큰 입 날카로운 이빨 사자의 허벅지가 세탁기 안에서 포효하고 있었지
 너를 생각하면 등골에 땀이 흥건해졌다 입안 하나 가득 피던 해당화 그 붉은 여름의 미로 셔츠 한쪽 소매에 돋아 있던 핏빛 이빨
 사슴은 입과 코가 흩어져 공중을 뱅글뱅글 돌고 있었다
 내 안에 남은 또렷한 자취는 한 해 한 해 지날 때마다 슬픈 빨래로 흘러나오는 것이다 생각할 수 없이 많은 핏물이 하수구를 향해 쏟아지고 있었다 네가 슬퍼하듯이 투명한 거품들로 밀려오면 나는 너를 향해 사슴처럼 새로운 사슴처럼 걸어갈 수 있을 것이다

초승달

오늘 저녁엔 칼의 팔이 길게 늘어나 아름다운 달의 과육을 베어 올 것이다

나는 칼이 되어간다 어제는 칼의 죽음, 오늘은 즐거운 칼, 장례식장을 헤매던 칼이 국밥집에서 돼지의 웃음을 요리하고 있다 웃지 않는 칼의 얼굴로 나는 공중 위에 떠 있다 어느 곳에서는 칼과 칼이 만나 춤을 춘다

곡선의 칼에 대해 우리가 눈을 마주칠 때 나는 칼을 떨어뜨렸다 관자놀이가 떨리는 나무들이 하늘 저편으로 몰려가고 있었다 네가 나를 향해 목을 겨눌 때

나는 물속으로 뛰어든다 당신은 달 속에 웅크려 있는 칼날과 닮았다 당신이 칼을 휘두르며 하늘 한편에 떠 있을 때 나는 헤엄치는 칼의 지느러미를 본다

호수 안에는 언제 **빠졌는지** 모르는 초승달이 고요한 민낯으로 흘러가고 있다

감자를 통과한다는 말

 누군가를 사랑한 적 있는지 주머니를 더듬습니다 주머니에 감자가 열리는 상상은 하얀 감자 꽃잎을 만지는 상상만큼 불온합니다

 감자 뿌리 사이에서 어느 날 벌레가 태어나고 벌레가 죽고 벌레가 감자를 통과한다는 상상은 누군가에게 건넨 책 속에서 감자밭이 되어 있었습니다 유머를 좋아하는 사람과 마주 앉아 감자를 먹는 상상을 하다가

 감자가 없는 곳에서 감자꽃의 희고 작은 이마에 대해 생각합니다

 엄마가 감자를 팔고 남은 감자로 굴러왔을 때, 퍽퍽한 감자의 촉감이 하얀 감자꽃으로 피어날 때, 나는 문을 열고 나와 감자밭이 되는 상상을 하곤 합니다

배추의 환상통

나는 배추를 다듬고 있었지 배추 이파리를 펼치자 넓은 들판이 펼쳐졌지 그곳에는 바람이 뛰어다녔고 바람들이 몰려와 배추김치를 달라고 칭얼댔네 나는 배추를 뽑아 가져가라고 말했고 바람들은 배추김치 만드는 방법을 모른다며 김치를 달라고 했지 근심들이 배추 잎사귀에서 푸른 하늘로 날아가는 상상을 했지

나는 김치를 만들었지 배추의 속은 빨갛고 각종 양념은 흘러넘쳐서 마당까지 붉게 물들었지 구름은 그것이 석양이 흘러넘치는 언덕이라 말했고 그러자 언덕에는 연인들이 걸어 다녔지 연인들이 먼 바다를 바라보며 입안에서 갈매기를 꺼냈지 갈매기는 연인의 손, 새똥은 바다의 눈

배추의 잎은 푸르러 창문은 바다가 생각난다고 말했고 나는 바다를 구름 위에 띄워 주고 싶다고 말했지

바람들을 배추 안에 넣고 김치를 만들었지 매콤하고

향긋한 눈물 냄새가 배추의 입안에서 솟아오르고 나는 그 맛이 연인들의 이별 냄새 같다고 말했고 창문은 새들이 쏘아 올린 함성이라고 말했지

 김치는 싱싱하고 우리는 저녁 내내 화기애애해서 꿈속을 걷는 것만 같았지 바람들이 우리의 꿈속을 걷고 있을 것만 같은 밤, 소금은 그것이 배추의 아이러니라 말했고 나는 이상하고 신비한 배추의 환상통이라고 말했지

나쁜 냄새 이해하기

 꽃처럼 붉은 얼굴은 배꼽 속에 숨겨두었지만 주머니 속에는 감염된 음악이 흘러 다녔다
 네게선 나쁜 냄새가 나는구나
 선생님은 오래도록 내 머리를 쓰다듬었다
 봄에는 꽃을 땋아서 머리에 꽂았다
 좋은 향기들을 방 안 가득 채우고 며칠 동안 잠만 자기도 했다
 깨어나면 방 안에선 언제나 상한 냄새들이 버글거렸다 꽃들은 시들어 있었고
 나의 몸은 마른 들꽃처럼 여위어 있었다
 오전의 싱싱한 비늘들은 사라지고 딱딱한 오후만이 거울 속에 가득하던 날
 여전히 네게선 나쁜 냄새가 나는구나
 찾아온 애인이 울고 있는 나를 쓰다듬으며 말했다
 아침저녁으로 들여다보던 거울 속에서 갑자기 한 사람이 튀어나왔다 견딜 수 없다는 듯
 그는 곧 내 그림자를 걸쳐 입고 밖으로 뛰쳐나갔다
 그가 사라진 뒤 거울을 들여다보았다 여전히 나와 애

인이 시든 꽃들 속에서 웃고 있었다
  나쁜 냄새 속에서
  흐린 거울 속에서
  즐거워 즐거워 견디고 있는 우리의 영혼이 보였다

마음의 동굴

장미 꽃잎 속에서 먼 초원의 우물을 만날 수 있다면
하늘이 겹겹이 쌓인 손바닥을
살 속 깊이 넣어둔 치명적인 입술을
검은 꽃잎을 닮은 고양이의 눈동자를
뿌리에서 줄기까지의 거리를 달려 나가는 물의 혓바닥을
공중에 피워 올리는 꽃송이의 맨발을
내면을 돌아다니는 구름의 발자국을
사자의 갈기로 붉은 담은 뛰어다닌다는데
담 위를 번져 나가는 장미의 넝쿨들
깊은 우물에서 저 먼 별까지의 거리를 돌아
난폭한 폭설을 견뎠던 광장의 얼굴 위에
꽃잎 속에서 아직 소녀인 나를 만난다면
조그만 손으로 일기를 쓰고 있는 여태 소년인 당신을 만난다면
뿌리에서 꽃잎까지의 팔뚝에 가시를 뻗어 올리는
아름다운 장미의 후예에 대해서는 침묵하리라
나는 장미의 노래를 부르는 초원 그 광장 위의 말발굽

발굽에서 떨어지는 바람의 뜀박질
꽃잎에서 저 먼 달까지의 허공 위를
수없이 달려갔다 돌아온 눈송이

그러나 지금은 우물 속에 잠든 수없이 많은 꽃잎들

빗방울

천둥 번개의 밤을 읽는 밤 발자국들의 심장이 길목마다 두근거린다 담벼락이 비에 젖는 순간 사랑하는 집의 눈동자가 텅 비어 있다 내가 온몸으로 소나기가 되는 순간 발목이 되어 철벅거리는 나무들

빗소리를 들으며 사방에서 어두워진다

빗방울과 빗방울이 춤춘다 그와 그녀가 투명하게 빗속으로 달려가는 동안 스물아홉 개의 음계가 마음속 깊이 가라앉았다 떠오른다

네가 꿈속을 걷기 시작한다

3부

너에게 흘러가는 느낌이 좋아

한쪽 눈이 음악에 감염되었군요
―윌리엄 볼컴의 '에덴의 정원' 중에서

너에게

기어가는 느낌이 좋아 내 몸은 점점 커지고 점점 푸르게 점차 느리게 아주 긴 뱀이 되네

이런! 한쪽 눈이 음악에 감염되었군요 깜짝 놀라는 얼굴로 우리가 소용돌이칠 수 있을까

하얀 구름에 새겨진 몽고반점에 반해 사막은 비브라토를 연주했던 거야 모래의 음계가 오아시스로 떨어지면 잘린 정오의 사막은 동강 난 시간을 들고 흘러내리고

그러나 백색 늪은 너무 아름다워 입을 벌린 악어 떼가 찾아와도 울진 마, 모래 위에 그림자를 만들며 사는 선인장처럼

내 그림자를 데리고 흘러갔던 거야

혀에 꽂힌 수많은 모래알을 날마다 파먹어 향긋한 피의 냄새 꿈틀대며 기어갈게 유연하게 나를 지나가 주겠니?

스쳐 지나갈 시간이라도 음악으로 흘러 너의 귓속에 음표 한 점 끼워 넣네

내재율

 아름다운 문장을 보면 눈 안에 솜털이 돋아요 봄과 여름 사이의 흘러가는 시간 위에 앉은 그네에 대하여 꽃들은 씨앗을 터뜨리지만요 나는 한 장의 꽃잎도 갖지 못한 얼굴이랍니다 가끔 흘러가는 구름의 손을 끌어와 이불로 덮고 잠이 들기도 해요 어쩔 땐 그 속에서 무당벌레로 태어나기도 하죠

 새소리가 깨어나는 숲은 모든 안개가 詩 같아요 어제는 바다를 조금씩 구워 먹는 모래가 되는 꿈을 꿨어요 그런 날은 얼굴을 바꾸어 달고 외출을 하고 싶어요 오후 2시를 흘러가는 파도 구름은 어떤가요 비와 구름의 모양에 관해 숲은 검푸르다 구설수를 퍼뜨리지만요 숲의 눈물을 훔쳐본 사람은 알 거예요 숲속에 새겨진 새의 발자국은 숲 자신의 그림자라는 것을요

 구름의 날개를 바라보면 온몸에 깃털이 돋아요 진실한 마음으로 손을 건네면 그 마음이 느껴질까요 나에 관해 말하자면 두둥실 흘러가는 내재율이에요 이렇게 마음이

두근거리는 날은 얼굴을 가리고 외출을 하려고요 여름의 싱그런 풍경을 만나면 눈 안에 화르르 빗물이 돋아요 온몸이 슬근거리며 간지러워요

붉은 잎, 가득 흔들리기 시작합니다

 옷이 더러워졌다고 어머니는 내 귀에 속삭입니다 나는 공중에 낙엽을 흩날리며 달아납니다 내 몸에서는 붉은 잎이 자랍니다 몸은 토실토실해집니다 시장에서 나에게 슬픔을 고백하는 바람을 만났어요 바람은 강아지를 안고 씩씩하게 걸어갑니다 강아지의 꼬리가 나뭇잎처럼 흔들립니다 나뭇잎이 내 옆을 지나가듯이 나는 그림자를 따라 걷습니다

 붉은 잎사귀 위에 지문을 떨어뜨리는 햇살이 모퉁이를 돌아갑니다 내 몸은 점점 붉어집니다 주머니 속에는 내게 사랑한다고 속삭이는 바람이 웅크려 있어요

 바람의 속내를 읽으려면 마음이 자유로워야 한다고 했어요 바람은 내 머리를 쓰다듬었고 나는 바람의 심장을 만지작거립니다 어딘가에서 음모들의 합창이 들려오는데, 나의 발은 그쪽으로 달려갑니다

 바람이 어린 소녀의 머리를 쓰다듬어요 내려놓은 강아지가 왈왈 짖어요 바람이 슬그머니 웃습니다 나의 몸에서 떨어져 나온 발목이 저 멀리 뛰어갑니다

 옷이 더러워졌다고 어머니는 나무 위에서 나를 부릅

니다 내 눈 속의 나뭇잎이 뒤척입니다 나는 바람을 따라 날기 시작합니다 내 얼굴은 점점 붉어지고 있어요 나는 피투성이로 서 있습니다 바람이 내 옆으로 와 붉은 잎, 가득 흔들리기 시작합니다 바람과 나는 같은 나무에서 떨어져 나온 남매처럼 두 눈이 닮았습니다

코스모스와의 추억이야

1.

허리에 넣어둔 들판을 밟고 바람을 헤치며 질주한다 꽃씨의 둥근 눈물이 휘어진 길에 흩날린다 머릿속에선 꽃 냄새가 울리는데 한낮의 아스팔트 위를 지나가는 공중들 심장을 열고 꽃잎을 나누어 먹는 꽃씨들 전력을 다해 피는 꽃은 아름답다 코스모스 가지에 붙은 행성을 별의 언어라 이름 붙인다 별이 밤하늘에 떠다니면 들판은 고요한 속도로 가라앉고 피곤한 밤의 팔을 베고 달빛이 꽃의 어깨를 감싸 안는다 얼굴과 얼굴이 맞닿으며 달이 설레었다는 거 그녀는 모른다

2.

달과 별이 꽃 속에 나란히 누워 있다 바람이 재촉하자 하얀 도화지 속의 달이 밖으로 나와 흰 셔츠를 입는다 셔츠 위에 옮아 붙는 꽃 이파리들 도화지 밖으로 나온 별이 꽃잎을 도화지 안에 그려 넣는다 코스모스와의 추억이야 바람이 내려앉을 때 열어 봐 바람이 환하게 웃으면 내가 놀러 왔다고 생각해 달과 별이 꽃 속에 나란

히 앉아 있다 바람 불고 비 오자 깊은 강으로 떠내려가
는 꽃, 달과 별이 강물 안을 나란히 흘러간다 도화지 속
의 꽃이 강물에서 나와 들판을 걷는다 비 오는 날의 추
억이야 비 오고 또 비 온다

붉은 우체통의 매혹

 나는 본다 여자 하나가 붉은 건물의 틈 안으로 몸을 구겨 넣고 들어가는 것을 살아있는 슬픔의 무늬들 죽은 구름과 교류하듯 그녀는 쉴 새 없이 자신의 심장을 들여다본다 심장 안에서 흘러나오는 죽은 이의 매혹 어스름의 옷을 입은 그녀는 허리를 앞으로 숙이고 불꽃의 시간 속으로 사위어간다 휘황한 낮의 물무늬를 밟고 해가 뜬다고 손길이 미치지 않는 나뭇가지 하나가 먼 곳의 앵글로 풍경을 비추고 있다 부드러운 입술로 맹세했던 언약은 차가운 무덤 속에서 잔디와 마른 풀의 연못으로 떠다닌다 황홀하게 내리붓는 태양빛은 오히려 슬프고 노파 하나가 잠긴 집 문 앞에 쪼그리고 앉아 있는 오후는 낯설지 않다 노을 삭인 냄새들 허공 위에 둥둥 목마름을 띄워놓는다 희미해지는 기억의 상처는 슬픔으로 꽉 찬 속살을 꺼내 유리창 위에 널어놓는다 여간 슬픈 게 아니라면 손을 내밀지 않는 여자의 빈방이 투명하게 떠오른다 내일이 없는 시간 속에선 태양의 슬픔마저 눅눅하게 제 몸을 말고 저물어간다 스스로 빈방이 되어 참혹해지는 문장들 수십 번도 넘게 넘어지며 만져보는 사랑이라는 매혹 붉은 우체통을 꿈꾸는 푸른빛 도는 저녁의 무덤 안에서 희미한 별빛을 꺼낸다 태양과 달이 한 묶음처럼 여자의 머리 위에서 빛날 때 죽은 이들은 맑고 찬 여자의 이마 위에 손을 얹고 경배의 시간을 맞는다 연인이라는 거울이 달팽이처럼 붉은 우체통을 꿈꾸는 시간 아흔아홉 번의 편지가 여자의 몸에 쌓이면 묘지의 문에도 붉은 피가 돌고 묘지 속에서 흘러나올 것만 같은 여자의 연인이 스스로 잠근 문의 빗장을 열고 문 앞에 서 있을 거 같다 아흔아홉의 태양이 달의 옷으로 갈아입을 때 붉은 치마를 입은 그녀가 공중의 옷을 입고 비로소 당신이라는 이름을 얻을 때

달의 거울

 달은 온전한 거울이 없었다 나는 또다시 거울 안에 틀어박히는 방법에 대해 골몰하고 있었다 꽃잎 같은 거울의, 입매 끝에서 퍼져 나가는 일몰의 언덕 위로 흰 달이 뜬다 그런 저녁엔 심장 깊이 넣어둔 거울 조각을 꺼내 들고 언덕 밑을 걸었다 이미 깨져 무수히 많은 실금들이 퍼져 나가는 기차의 소음을 밟으며 개 한 마리가 걸어온다 바람을 비켜 켜지는 길가의 가로등들, 네가 주고 간 책의 갈피 한쪽에서 먹빛 달이 뜬다 나는 벤치 위에 앉아서 거울이라는 달의 반대편을 또 들여다보고 있었다 우물물을 길어 올리는 달의 식탁에서는 하양과 검정고양이들이 함께 빵을 먹는 상상만으로 저녁이 훈훈해진다는 목련 폐가, 한쪽의 마당에서 달이 우물에 빠진다 고즈넉한 달의 입매가 장독대의 뚜껑처럼 닫혀 있다 기차들의 소음과 절뚝이는 개들의 냄새, 모든 걸 다 이해하지 못하는 신발이 담장을 넘는다 이 지붕은 거울이 너무 많아 달빛을 주워 담지 못하겠어 신발 옆에 놓인 흰 꽃잎들이 비로 뭉개진 잎 잎을 날려 보낸다 빗방울로 흘려 쓴 편지를 허공에 걸어두었는지 너는 문을 닫지 않는다 지나가는 기차 꽁무니에 매달린 달의 뒤축이 웃기다 영영 웃지 않는 너에게서 거울을 빌려올 수 있다면 나무에서 멀어져 간 꽃의 흰빛이 좋아 용서라는 말을 잊은 지 오래된 달의 속눈썹 위로 봄비 냄새가 퍼진다

사슴의 詩

 구름에 반한 눈동자는 구멍이 뚫려 있다 그 깊은 구멍 안으로 여행을 떠나는 연인들 풀의 슬픔을 뜯어 먹는다 한 풀잎에게 순수한 영혼을 건네기 위해 손끝의 떨림과 꽃잎 지는 시간을 지난다 그 풀 위에서 자라는 지구의 바람들이 지금 막 태어난 어린 사슴에게 꽃을 건네고 있다 푸른 밤 나는 그 사슴의 뒤를 따라가 본 적 있다 사라진 사슴을 위해 문장을 다듬고 있는 한 여자의 숨소리에서 햇살이 구슬처럼 흩어지는 것을 본다 그 여자는 풀밭 위를 달려가며 잃어버린 사슴을 찾고 있었는데 그 낯설고 그윽한 풀밭에서 사슴들이 향기로운 풀에 코를 박고 박제가 된 것을 보았다 한 사슴이 배고픈 여러 사슴에게 제 몸을 나누어 주는 것을 제 몸에 혀를 넣어 그 상처를 다 버무리는 것을 그러나 구름을 사랑하는 사슴은 없고 구름에게 달려갈 사슴은 더더욱, 매력적인 나뭇잎들이 다 차지해 버렸다 이 세상의 사슴들이 다 풀을 뜯는 그곳에서 다시, 광기와 슬픔의 평야에 신선한 풀의 왕국을 건설했다고 치자 나는 사랑하는 사슴의 눈동자에서 가장 매력적인 슬픈 과일을 꺼낼 것이다 그 과일은 푸른 독을 제 몸에 품고 깊어가는 한 마리 열정이겠다 그 정열을 가로지르며 당신의 초원 위를 달리겠다 그러나 당신은 아직 태어나지 않았고 나는 아주 오래전에 죽은 어린 사슴 꿈도 없고 희망도 없어 풀잎만 무성히 초원 위를 덮은 아름다운 밤이겠다

얼음 호수

 그늘이 뻗어 나가는 호수 위에 우리는 누웠다 아름다워, 너는 여름의 호수 위에 눕고 나는 겨울의 호수 위에 누웠다 불타버린 계절이 차갑게 등 뒤에서 빛났다 말하지 그랬니? 나를 닮아 수줍기만 한 그림자가 겨울 태양의 잇몸을 드러내고 웃었다 알몸인 나무들이 바람 묻은 웃음을 떨어뜨려 주었다 너의 등 뒤에선, 내 등이 차갑게 얼어붙도록 너는 이쪽을 돌아보지 않았다 이쪽에선 차가운 바람이 성에꽃을 피우고 있었다 겹겹이 둘러싼 꽃들이 조그만 내 알몸을 감고 피어올랐다 너는 여름의 호수 안에서 내게 푸른 나무를 보내고 있었다 처음 만나던 눈빛의 호수였다 그 호수가 비가 되고 눈이 오도록 나는 참 많은 것을 너에게 받고 있었다 등이 하얗게 얼도록 나는 너를 생각하고 있었다 얼음이 다 벗겨지면 봄이 온다고 너는 여름의 호수 안에 가만히 앉아 있었다 너의 지느러미는 나무처럼 좋은 냄새가 날 것이다 좋은 냄새는 좋은 생각을 전염시켜 줄 것이다 등이 따스해지도록 얼음 속에 들어가 누워 있었다 얼음이 겹겹이 쌓이면 향이 좋은 관이 된다고 했다 관 속에 누워 우리가 처음 만났던 가로수 길 쪽으로 걸었다 저쪽에서 걸어오는 햇빛 속에서 기분 좋은 얼음이 쏟아졌다 기분 좋은 보도블록 안에서 푸른 나무들이 자라고 있었다 나는 기분 좋은 팔을 들어 너의 고독을 두 손으로 꼭 안아주고 싶었다

셔츠의 웃음

세탁한 다음 태양이 오기로 한 유리창의 속력은 웃음이 희다
아이 같은 이빨은 소매 끝에서 조근조근 물방울을 떨어뜨리는데
바람 섞인 태양의 토닥거림 스타일이 상쾌하군
셔츠는 팔을 흔들며 거리를 활보하고 싶은 표정이고
유리창을 뚫고 밖으로 나가지 못할 바에야
유리의 벽에 세차게 부딪힐 필요가 없다는 듯
제자리에서 말라 가는 오후의 공기 방울들
기다란 팔과 아름다운 목을 꿈꾸면서 셔츠는 텅 빈 몸을 갖는다
사과가 굴러다니는 마당에서 유리창을 기어 올라가는 구름은 그늘과 창문이 겹쳐진 셔츠의 흰 이빨 사이에서 웃는다 그리고 셔츠는 푸른 하늘에서 구름이 잠드는 것을 본다
텅 빈 몸을 갖은 셔츠는 흰색으로 눈이 부시고
소매 끝에서 남은 빛이 떨어지고 사과도 한 알씩 떨어질 때 바람과 사과가 조금씩 섞여 새의 날개로 날아오를 때

석양이 유리창에 와 세차게 부딪칠 때

레몬

　레몬과 여행을 떠나는 꿈을 꾸었다 나는 둥둥 떠오르고 나는 레몬이 없고 레몬에서 불어온 공기가 계단을 서성거리고 레몬 쪽에서 레몬 냄새가 났다 구르는 것에 관해서라면 레몬의 바퀴가 으뜸이지 새콤하고 가늘게 썰린 바퀴, 그걸 잊은 걸 꿈에서 들킨 거겠지 레몬이 많이 나는 나라에 가서 가이드로 일하고 싶다 레몬과 레몬을 팔 수 있다면, 레몬 한 무더기 사면 레몬 하나 더 드려요라고 노래를 부를 수 있다면 레몬은 온통 음표고 레몬은 노래를 잘 부르고 레몬은 내 목소리를 좋아하지 레몬은 전화기 속에서 레몬하고 웃고 레몬은 식탁 한구석에서 둥글둥글 놀고 그러다 어느 날, 레몬은 가늘게 썰려 고기 위로 즙이 되어 떨어지고, 레몬은 형체가 없고, 레몬은 마음이 없고 레몬은 기운이 없고, 그러나 다시 일어난 레몬은 상쾌하게 운전을 잘하고 레몬은 바퀴에서 머리를 쑥 빼고 거기, 길 좀 비켜요 소리를 지르지 레몬은 매일매일 레몬 생각만 하고 레몬은 레몬을 좋아하고. 네가 생각날 땐, 레몬과 여행을 떠나는 꿈을 꾸었다 레몬은 산책을 좋아하고 레몬은 혼자서도 잘 놀고 레몬은 여럿이 있으면 신나고, 레몬은 마주치는 레몬에겐 레몬을 건네지 계단을 올라가면 레몬이 살고 레몬의 집에는 레몬이 많이 살고, 레몬은 나를 보고 슬그머니 웃었다 그리고 레몬은 가장 레몬답게 즙을 짜서 음식 위에 뿌려주었지 그러다 레몬은 어떤 걱정에 휩싸여 주글주글해지고 그러나, 레몬은 가장 멋스러운 바퀴를 가졌네 어느 날, 레몬이 찾아올 땐 레몬 향기를 뿜으며 나는 허공 위에서 나무가 되어가지 레몬 나무엔 바퀴가 열리고 레몬은 여행하는 것을 좋아하고 그리고, 레몬은 공중에서 일한다

하고 싶은 말

있으면 해 보세요
꽃처럼 나는 심장이 뛰고 산등성이 위를 나는 새처럼
허리가 가볍다
머릿속으로
한 떼의 소나기가 지나갔다
그 짧은 순간 나비는 조약돌이 되고
꽃은 시냇물이 된다

나는 꽃의 표정 위에 맺힌 물방울이 된다 물방울 속에 들어앉아 새 떼를 촬영하는 바람의 팔이 된다 하고 싶은 말 있으면 노래해 보세요 양철지붕 위로 한 떼의 소나기가 내렸다 하고 싶은 말을 둥둥 울리며 가는 빗소리, 그 빗소리 속에 누워 우리가 처음 만났던 날 속으로 발자국을 흘려보내면

나는 하고 싶은 말이 되어 흘러간다 저기 뛰어가는 어린 빗소리처럼 꽃잎이 젖는다

투명인간으로 사물 통과하기

 사물과 사물의 얇은 틈에 실타래를 끼워 넣고
 나를 공기의 음악으로 채워 넣고
 이 긴 말들의 놀이로 한 뼘 한 뼘 줄넘기를 할 수 있다면
 빌딩과 빌딩의 간절한 간격 사이에 한밤중의 비틀어진 감정을 데려와 내 그림자와 오래 흘러갈 수 있다면
 당신과 나의 말들이 머리와 얼굴을 바꾸며 산과 들을 달리는 한 마리 싱싱한 바람이 될 수 있다면
 가령 그것은 목을 길게 빼고 하늘에 가볍게 젖어 드는 일
 두둥실 누워서 바람으로 떠오르는 일
 싱그럽게 공기처럼 흩어지는 일
 눈을 감고 당신의 입속으로 스며드는 일
 나의 눈동자를 고요한 사물에게 박아주는 일
 그리하여 텅 빈 몸으로 사물의 중심을 가볍게 통과하는 일
 미치도록 죽고 싶어 다시 돌아오는 봄의 환희
 거리에 나서면 그렇게 빼낸 나와 당신의 눈동자들이 겨울의 무거운 옷을 벗고 무수한 꽃을 바람처럼 통과하는 중

소문을 잠재우는 법

 웃음을 잃어버린 당신이 아흔아홉의 산을 넘어갈 때 나는 검은 날개를 펄럭이며 굴뚝 안에 갇혀 있었다 우리의 이야기는 소문이 되어 흘러넘쳤다
 들꽃을 키우는 일은 바람을 키우는 일보다 섬세하다 들꽃 속에 들어가 바람을 다독이는 일이 어렵다는 걸 당신의 꼬리를 쓰다듬으며 알았다 들꽃 속을 헤엄치는 회오리, 비린 소문의 입술이 캄캄한 몸 안을 돌아 치통처럼 욱신거렸으나
 별이 빛날 거라 믿었던 하늘은 어둠에 가려 볼 수 없었지만 수만 년 묶은 바람의 행보는 갓 피어난 들꽃을 사뿐 들어 올릴 줄 안다 틈나는 대로 들꽃 속을 유영하다 돌아와 누우면 허공의 입에서 달콤한 이빨들이 우르르 쏟아졌다

 소문은 아름답게 퍼지지 않는다 바람이 할퀴고 간 상처가 굴뚝에 갇혀 썩어갈 때 대지의 슬픔은 숙성되는 것이니 내 이마에 묻어 놓은 언약궤를 열어 소문을 잠재워야겠다

허공의 둥근 아가미를 벌려 아픔으로 버무린 소문을 집어넣는다 내 안에 무수히 쌓인 당신에 관한 소문은 이제 꽃피지 않을 것이니 들녘에 나가 남은 소문에 불을 붙이고 당신이 남기고 간 아흔아홉의 흔적을 불태워야 겠다 사랑은 완성되지 않는 것 어깨의 파장이 바람 위에 앉아 내 유일의 달빛을 부른다
 대지 저쪽에서 천년 묶은 바람이 입질을 보내온다 나를 꺾어 불구덩이에 처넣으면 드디어 불타는 바람의 소문

 나는 바람으로 만든 언어다 당신이 천 년 전의 침묵으로 내 혀를 모두 가져갔으니 소문은 이제부터 잠잠해지리라

미아

 어머니는 높은 데서 나를 밀어뜨렸다 떨어지는 느낌으로 나무의 눈동자로 앉아 있고 싶었으나 지구는 나무를 끌어안고 있느라 나의 속도를 눈치채지 못했다 파랑 머리 소년과 생각을 나누었을 뿐인데 잎사귀가 타들어 가고 있었다 나무라는 단어를 안고 잠드는 날이 많았다 나무의 심장 같은 말을 기억하느라 미간을 찌푸리는 노파의 골짜기가 좋아서 퇴색한 나뭇잎의 이름을 불러주었다 그런 날이면 오래전 맛보던 나무의 눈물이 식도를 타고 흘러내렸다 팔을 뻗어 공중에 어린나무를 심어주고 싶은 날이었다 종이 다른 어머니의 딸들과 재회를 꿈꾸며 바스락거리는 날에는 도끼의 환영이 놀러 왔다 나무의 느낌이 좋아서 공중을 날아다닌 적 있다 기차를 타고 지구를 여행하다 돌아오는 저녁엔 숲이 수런거린다 나무는 푸른 구름 빛이지만 죽은 나무에서 다시 자라나는 나무는 흰빛이다 저녁이라 발음하면 갈 곳 없는 아이들이 나무의 눈동자 속에서 다시 태어날 거 같다 오래전 잎을 잃은 나무는 입술을 깨물며 부러진 나뭇가지를 쓰다듬고 있으리라 당신은 푸르게 발성하는 소리가 좋다 했으므로 나는 영영 늙지 않으리라 싱싱한 계절이 좋아서 지구의 반대편으로 날아가는 나무를 그린다 나무라 발음하면 미아들이 미간의 주름을 타고 흙 속으로 흘러내릴 것 같다 그때 생애 처음 나를 거부한 근친은 나무를 친애하는 얼굴로 푸르게 타오르고 있을 테니

눈사람이 있는 마을

 눈 위를 걸어가 본 적 있나요 저기 카페에 앉아 있는 두 사람 눈사람 케이크를 먹으며 행복해하네요 케이크를 떠먹여 주며 얼굴에 웃음을 묻혀주네요 바람이 마스카라처럼 흔들리고 몇 세기가 지나가듯 눈발이 나를 지나가고 저기 저 마을 밤을 뜬눈으로 지키네요 마을을 표백하기 위해선 더 많은 눈이 필요하죠

 내가 눈처럼 흩날려요 이제 마을은 곧 눈으로 덮이겠죠 나는 마을을 덮으며 포근해지고 눈이 미친 듯 퍼부어요 곧 마을이 무너지고 내가 죽겠죠 깊은 강물은 눈사람을 삼켜버리겠죠 눈발이 그치고 봄이 오겠죠 그때쯤이면 내 사랑도 잊혀 강물 속을 고요히 흘러가고 있을까요

4부

길고 매혹적이고 목적지를 모르는 것

악몽

 밤에 찾아온 몽마*는 나의 생각을 노려보았네 그렇게 쳐다보지 말아요 입술은 달싹거렸지만 검은 하늘은 자주 지상으로 출몰했네 나는 잎사귀 뒤에서 웅크려 떨며 얼굴을 풀잎 속에 숨겼네 숲을 뛰어나와 해안으로 걸어가면 모래의 시체가 회오리로 뒹구는 해변

 천둥의 웃음은 발그레한 소름 두르고 바위 끝에 매달려 있었네 파도는 애꾸눈의 몽마를 타고 쫓아왔네 모래 위엔 검은 뼈가 무성한 해골들이 누워 있었고 나는 빠져들었네 물의 몸을 감고 바닷속으로 뛰어들었을 때

 해구의 숲속에서 유려한 문장을 보았을 때, 나는 두 눈을 바다의 동공에 넣어주었네 악몽을 꾸는지 파도는 잠의 해변에서 허공을 저으며 떠오르고 있었네

---

* 헨리 푸젤리의 그림.

사물의 말

이것은 사람의 말을 배우기로 한 사물의 이야기

사람의 말속엔 진정한 오해와 편견이 무성하였으므로 솎아주기에 바빴고 진정한 말을 찾아 나선 이름은 진실한 흙을 만나기 위해 생각부터 집어넣어야 했네

어떤 말들은 부패하여 그네에 얹어 숙성시키기로 하였으나 갖지 못한 양식과 가난한 사물을 위하여 지붕 속의 말을 데려왔고 나무속의 혀와 말을 뒤섞었네 너의 거침없는 말들은 나의 생각을 바라보며 비명을 질렀지만

바라보는 것만으로 심장 속의 말을 꽃피우는 사물

책갈피 위엔 어린 영혼이 걸어 다녔네 깨꽃 같은 글씨가 흘러들었고 입안에서 어떤 악보는 음악을 연주했으며 꽃말 속으로 구름이 흘러 다녔고 그 구름 속에서 아이들이 태어나기도 했네

꽃 속엔 번쩍이는 슬픔이 각인되어 있어 책 표지의 이름은 사물의 얼굴을 숨기곤 하였네

사려 깊은 사물 안에 손을 넣어 부조리한 말과 심장을 맞바꾸었네 그런 날에도 나는 눈을 반짝이며 사람의 말을 훔쳐 오기에 바빴고 죽고 싶은 사람은 행복한 꽃을

피우기 위해 하루치의 양식을 새들에게 던져주었네
 꽃이 피자 새들은 잠적했고 나와 몸을 바꾼 애인은 바람처럼 서성였네 텅 빈 봄의 동공 위에 꽃가루가 흩날렸고 돌아서면 4월, 보다 더 황량한 봄의 바깥이, 밀담을 나누며 저물었네 그런 저녁엔 땅 위로 떠오르고 싶지 않았으나
 사람 속으로 꽃이 졌고 별은 별의 마음을 갖지 못해 무덤 안으로 젖어 들었네
 고독한 팔 밑엔 언제나 고독한 손목이 자라는 법
 고독한 시간 속엔 나무가 이파리를 흔들며 하늘 위로 솟아오르기도 하지 모든 숨죽인 말들이 한 권의 책이 되어 납작해지기도 하지
 사물의 몸속으로 꽃이 흘러들어 가기도 하는 날
 이것은 사물이 사람의 삶을 훔쳐 온 날의 이야기

구름의 부족

 구름 하고 부르면 눈을 몰고 오는 어느 부족에 관해 생각하는 날이네 당신은 바람으로 흐르고 나는 음률에 실려 어딘가로 날아가고픈 날 당신은 알 수 없는 지도를 펼쳐 놓고 나무 위를 올라가는 상상을 하지

 왜 내 기억에는 당신의 아름다운 모습만 각인되어 있는지 비 하고 부르면 폭설이 몰려오는 어떤 들판 위에 누워 거친 바람 하나 덮고 누워 사람을 떠난 어느 행성과 대화를 하네 내일은 전화를 걸어볼까 별에게 눈 뭉치를 쏘아 올리면, 눈 속의 당신이 추운 들판으로 내려올까

 당신과 이별 후 막막하게 꽃이나 나무의 이름을 부르며 겨울 들판 위에 누웠었다고 편지를 보내볼까 바람이 눈보라를 몰고 오는 저녁, 달이 큰 나무 위에 앉아 흰 피리를 불고 있을지도 몰라 석양의 고도가 아프게 내려앉는 날 바람 하고 부르면 눈 온 들판 위에 누워 울고 있는 사람 손끝에서 별이 뜬다고 벌써부터 눈보라가 그칠 조짐

눈 하고 부르면 어느덧 구름으로 흘러가고 있는 사람

소파를 위한 이중주

A : 소파 위에 누워 있다 당신이 나의 눈 속에 손을 넣고 휘휘 저었던 소파다 눈이 뽑혀 창을 응시할 수 없는 소파다 모습은 볼 수 없고 소리만 들을 수 있는 소파다 햇살이 내려앉은 텅 빈 동공을 가진 소파다

A' : 이 소파는 그냥 소파가 아니다 당신이 누워 있던 소파다 아니 내가 누워서 나의 아픔을 어루만졌던 소파다 마음을 알 수 없는 소파다 내가 없어도 슬퍼하지 않는 소파다

A : 이 소파와 이 소파는 다르지 않다 이 소파는 다르다 소파 끝에 소파가 물려 있다 이들은 서로 사랑하지 않는 소파다

A' : 이 소파는 피부의 감촉을 민감하게 느끼는 소파다 이 소파는 딱딱한 질감의 무중력을 사랑하는 소파다 감정이 사라진 소파다 어린 질감의 몸 안에 질긴 관념을 넣어주는 물소 가죽 소파다 쓸쓸함을 찻잔 속에 넣고 음악을 듣는 소파다

A : 소파 위에 누워 있다 오래 누워 있으면 등이 휘어지는 소파다 소파 위에 꽃잎이 피어 있는 소파다 내 꽃

잎에 입 맞추던 당신의 얼굴이 생각나는 소파다 기억이 소멸되면 죽음이 찾아오는 소파다 무릎이 굽어진 소파다

  A' : 등을 오그리고 앉아 당신을 기다리는 소파다 기다리다 다시 돌아눕는 소파다 돌아누워 다시 당신을 생각하는 소파다 당신도 없고 나도 없는 소파다 눈이 없는 소파 위에 내가 누워 있다 나도 눈이 없다

  A : 이 소파는 그냥 소파가 아니다 내 위에 당신이 당신 위에 내가 얹혀 있던 소파다 소파는 여전히 눈이 없다

  A' : 햇살이 얼마나 푸른지 알 수 없는 소파다 아무도 앉아 있지 않은 이 소파는 우리들의 소파였다가 이제 우리들의 소파가 아니다

  A&A' : 이 소파는 그냥 소파다 기억 속에 앉아 꽃잎을 어루만지는 단지 그냥 소파다

칸타타

 여름날의 그림 속으로 들어갈 수 없는 그들은 낙엽이 떨어지는 돌담길의 모퉁이를 걸어갔다 창문 안에선 다감한 노랫소리와 한 묶음의 빗소리가 두런두런 K는 상상 속에서 바다 위에 그물을 드리우고 있었지 한꺼번에 많은 고기를 잡을 수는 없는 바닷가 침대 위에선 젊어지는 노인의 노랫소리가 들려왔다

 저녁을 먹으려면 한 마리의 물고기가 필요해 K는 물고기가 아름답다고 했지 침대 위에서 바다에 그물을 던지는 상상을 하며 바다가 되고 싶어 했지 고기를 잡는 어부가 되고 싶어 했지
 어부가 되어서 L은 L에게 돌아오는 법을 잊어버리고 밥이 끓고 있는데 반찬이 없어 식탁은 울고 있었지 K는 물고기를 잡으러 바다로 간 것인가 식탁은 그들을 기다렸지

 어린 벤치가 목마른 심장을 다독이며 낙엽이 떨어지는 길 위에 앉아 그들을 생각했지 행복했던 여름날의 추억

비가 와요 비가 오면 창문 안에 몸을 담그고 흐릿하게 늙어 갈래요 L이 말했지 그들은 벤치의 나지막한 온도를 놓아버렸지 아름다워라 그들의 추억은 어딜 가 골목 후미진 곳을 걸어 그림 속으로 사라졌는가 그들을 잃어버린 나뭇잎이 흩날려 편지를 썼지

  우리의 식탁 위엔 한 마리의 물고기가 필요해 K는 가방을 어깨 위에 메고 바닷가를 걸어가는 상상을 하지 한 잔의 와인이 필요해 어부가 된 L이 가을의 그림자 속에 앉아서 바다 위에 그물을 드리웠지 한 폭의 그림이라고 사람들은 말했지

사과에서는 호수가 자라고

 사과 안에 들어가 눈이 크고 불행한 호수의 저녁을 생각합니다 숨죽여 있는 호수 안에 칭칭 동여맨 시체, 그 사과 속 같은 물속에 한동안 누워 있었습니다 태양이 그늘의 동쪽에서 작은 사과꽃으로 피어날 때 나는 서쪽 너머에서 사과를 먹던 상상만으로 둥그런 물속에 오롯이 앉아 사과를 담은 그릇이 되기를 바라며 사과는 둥글고, 그 옆에는 몽글몽글한 안개가 피어오르고

 사과꽃을 삼킨 목인 듯 아프게 환하게 가라앉던 물속 기억, 기억을 멈추게 하는 슬픔은 다시 사과나무가 되어 피어납니다 물속 깊은 곳의 나무 위엔 사과와 내가 얽힌 난해한 나무들이 자라는 세계입니다 바람의 눈과 나의 입, 사과의 귀와 나의 머리카락이 한 몸에 자라나는 세계를 보고 바람들은 무엇이라고 할까요

 수없이 많은 시간 동안 나를 부정함으로 새로운 나를 돌보기 위해, 웅크려 있던 세월들, 분홍의 귀여운 사과나무들이 소시지나 햄의 아름다운 나뭇가지가 되고, 우

리가 버린 얼굴과 기억들이 새로 태어나는 사과 위에서 독특한 조리법이 되고 리바이벌 창문이 되어 골똘한 눈동자로 죽은 사과들을 음미하는 새로운 입들이 되는 걸까요

 한 손에 칼을 들고 뚝뚝 떨어지는 촛농의 따스한 감촉을 손등에 느끼며 물속 깊은 곳입니다 여러 번 죽어 다시 또 죽을 수 있는, 죽은 만큼 다시 살아날 수 있는 물방울들의 호수 안입니다

 물방울의 팔과 내 다리가 한 몸에 자라는 사과들의 나뭇가지입니다 한 번 크게 울음소리를 내기 위해 몇십 년 몇백 년 웅크려 있다는 물귀신의 눈 뜬 무덤 속입니다 가장 어린 입술로 고백하는 손바닥 위에 보슬보슬한 구름이 내려온다는

 사과 속의 풍경은 물속의 잡풀이 자라는 세계처럼 흐릿한데 이 슬픔은 어느 곳에서부터 출발하여 이곳까지

달려온 걸까요 내 볼에 흘러내리는 안락함은 그날의 사고와 뒤섞여, 이곳 무르익은 식탁 위의 한 개 한 개의 사과로 떨어집니다 아직 물방울이 되지 않은 딱딱한 나무 탁자 위의 아픔 위로, 더 이상 쪼개지지 않은 무수히 칼날 진 빛의 광선 위에

  나는 끊어진 다리 뒤, 패인 사과 안에 누워, 무수한 상념의 거품을 뿜어 올리며 눈 부릅뜬 작은 물방울들을 밀어 올립니다 테이블의 창문 뒤에는 검고 푸른 빗줄기, 검은 사과들이 줄지어 선 능선입니다
  촛농은 손등 위에 뚝뚝 떨어지고
  호수의 발가락과 나의 손가락이 붙어 자라는 촛불이 타오르고 사랑하는 껍질은 없고 사랑하는 알맹이도 없고
  흰 불꽃은 어느 먼 곳의 공중으로 날아가
  죽어 흔적 없는 것들만 사과꽃으로 피어난다는 호수를 생각합니다 다시 피어나지 않는 꽃들만 물방울로 환하게 떠오른다는 크고 신비로운 사과를 생각합니다

미인도

창으로 창백한 달 내려앉습니다
방 안 그림 안 그녀의 볼 위로 흰 달이 물듭니다
이 달은 복숭아를 떨어뜨리는 뱀의 추억을 데려옵니다
가끔 흰 달이 나무의 손, 잡아주던 기억이 있지요 뱀이 나뭇가지 사이에 기억을 걸어둔 시절, 나무의 외피는 들의 이마 위에 부려놓은 복숭아 과육을 닮았습니다
뱀이 야행의 허물을 벗어놓을 무렵, 그들의 손과 발을 기억하는 풀들은 스치는 잠에 젖어 듭니다
천렵의 길엔 두 무릎이 철썩이는 바람 소리 들리고요
흰 달이 일어나 뱀 발자국 찍습니다
달의 체취를 맡는 시간, 달의 눈빛은 흰 뱀의 수런거리는 이마를 닮았습니다

바닷물이 웃는 게 좋아

#1
햇살이 내려오다 멈칫할지라도
태양의 옷자락이 바닷물 속으로 흘러가고 있다
활활 타오르며 어항에 바다를 들여놓았던 기분
해변을 펄럭이며 구름이 걷고 있어
우리가 가 보았던 바다, 너는 거기서 많은 물고기가 되고
나는 많은 물고기 위를 떠다니는 물결이 되고
네가 물보라가 되는 게 좋아
와장창 깨져 내 안에 무수한 알갱이를 들여놓는 기분
돛단배는 바다를 끌고 섬을 돌며 순찰을 나가고
물고기는 내 안에서 수초처럼 열광하지
바다가 점점 넓어지는 게 좋아
바다 안에서 네가 점처럼 작아지는 기분
우리가 지느러미를 맞댄 날 바다 밑에 누운
돌멩이에게로 심해어에게로 해초에게로 물방울을 떨어뜨렸지
물결이 흔들리며 지그재그로 춤춘다
바다를 바라보는 하늘이 점점 넓어지고 있어

내게 다가와 고백하는 갈매기가 날아오른다
한 점 태양은 고스란히 차가운 바닷물이 되고
우리는 각자의 길에서 아름다운 물고기가 되겠지
바닷물이 고요히 빛나고 있다
내가 웅얼웅얼 검은 기침이 되어가고 있다

#2
머릿속에서 음악이 흘러나왔네 나선형 계단을 오르는 벽에서 두 팔이 돋아 나왔다 두 팔에 안긴 유리창이 푸른 하늘을 흘러갔다 나는 아주 오랫동안 끝나지 않을 것 같은 계단을 올랐다 구름을 만나 이후 한 번도 생각하지 못한 이별 후였다 감미로운 구름의 입술이 계단 위에 수북이 떨어져 있었다

눈송이와 얼음의 노래

에필로그

내 손톱 밑에 사는 어린 감각이 아프다 시름시름 날아다니다 눈송이는 사라졌고 사라진 눈송이는 다시 만날 수 없었다 오지 않는 눈송이를 기억하며 눈의 정원에서 축제가 벌어지면 눈송이를 아는 사람들의 문장이 구름으로 드문드문 흘러갔다 지나가는 폭설들을 불러 얼음으로 화장을 해 주는 날엔 눈송이의 마음이 달빛처럼 흘러 여름에 도착하기를 저녁이 두 손 모으고 지는 해와 함께 서 있다

눈송이 유령

조그만 눈송이가 친구들과 함께 골목에서 놀고 있다 그 눈송이는 아이의 등을 때리고 멀어져 가는 것이 좋아서 공중을 날아오르며 나 잡아봐라 하며 웃는다 맞은 아이는 아파서 눈송이 속으로 발을 쑥 집어넣으며 울고 있다 맞은 아이의 등은 퉁퉁 부어서 폭설이 되어가고 있다 때린 눈송이는 눈이 좋아서 점점 눈 뭉치가 되어간다

때린 눈송이는 이제 보이지 않는다 폭설의 집에는 아무도 살지 않는다 눈보라가 집의 허리까지 밀려왔다가 사라진다 눈송이의 추억이 히히 유령 소리를 낸다

반란

엄마가 폭설의 허리를 안으려 다가왔다 지붕은 점점 키가 높이 자라고 창을 가린 건물들이 달아난다 커튼을 올리며 엄마는 구름 안에서 눈송이를 꺼냈다 눈송이의 색은 하얗고 맛은 상큼해서 아가들이 혀를 날름거리며 핥았다 구름의 발레리나가 발끝으로 걷는 램프의 불꽃 속에는 아가들의 발자국이 불타고 있다

폭설 약국

노래에 취해 눈송이들이 손을 뻗어 올려 구름을 낚아 챈다 구름 속에는 눈송이들이 모여 앉아 눈송이 연고를 만들고 있다 엄마 폭설이 연고 속에 아이들을 꾹꾹 눌

러 담는다 폭설들의 팔이 길어진다 길어진 폭설의 팔이 담장 위에서 자라고 있다 길어진 폭설의 팔뚝 위엔 눈송이 아가들이 돋아나고 있다 새벽의 달빛 속에서 눈송이들이 연애하고 있다 하얗게 표백된 폭설이 키스의 표정으로 쌓인다 오늘 약국은 휴업 폭설들이 눈송이 속으로 외출하는 날 함박눈이 끝없이 내려도 좋겠다 싶은

얼음 상자

　연애하다가 그대로 구름이 되어도 좋겠다 싶은 눈송이들이 얼음 안에 쌍쌍이 들어 있다 눈송이가 사라져 간 오후를 얼음은 추억한다 사랑해라는 얼음의 연인들을 꺼내 보면 눈송이 냄새가 났다 얼음 얼음 외치며 어린 냉장고가 윙윙 돌아간다 얼음 얼고, 꽁꽁 언 참회, 새벽이면 기도 소리가 좋아서 얼음은 슬그머니 창문 위에 쌓이곤 했다 창을 열면 층층이 이별한 구름들이 정겨워 얼음은 가만가만 계단이 되어간다

얼음 교실

 얼음이 가득한 점심처럼 아이들이 앉아 있었다 얼음이 되어갔다 오래 사색하는 커튼은 바닷가의 눈송이를 닮아 있다 즐거워라고 고백하고 싶은 얼음이 파도 소리를 내며 모래 웅덩이에 빠진다 웅덩이 속에는 얼음이 흘려놓은 모래 부스러기들이 트럭 놀이를 하고 있다 얼음의 손바닥은 얼고 모래의 옷은 바스러져서 수평선 끝에서 깨질 것 같은 날씨다 가지런한 눈매의 얼음이 창밖을 바라본다 좁은 교실이 뛰어가고 있다 얼음은 수줍음이 가득한 얼굴로 사각사각 교실을 먹고 있다 조금씩 번져오는 계절이 덥지 않다는 생각을 하면서

소년의 꿈

 추운 날은 골목길에 앉아서 놀았다 눈송이를 꺼내는 소년의 얼굴이 얼음 안에 걷고 있었다 들킬 수 있을까 싶은 신발이 소년을 따라갔다 키 큰 나무들이 눈송이를

들어 올려 건물 속으로 집어넣었다 그런 날 소년은 버둥거리며 얼음 속으로 들어갔고 쿵쿵거리는 발자국 소리가 꿈까지 따라와 들락거렸다 그날 소년은 소녀를 눈송이 안에 넣고 꼭 보듬고 울곤 했다 울 수도 소리 지를 수도 없어서 소녀는 하얗게 쌓이는 구름이 되었다 구름은 눈송이를 사각사각 갉아먹고 창문 위에 앉아 있었다

 추운 날은 골목길에 앉아서 놀았다 얼음의 발자국은 크고 눈송이의 몸은 작아서 눈송이는 구름의 눈에 띄지 않았다 눈송이는 시름시름 앓다가 육체를 버린 영혼이 되었다 꿈이었으니까

 그 후
 이 집에는 얼음이 없다 소원을 말하면 고개를 끄덕이는 구름과 눈송이를 사랑하는 폭설의 낡은 침대는 녹아 햇살이 되어간다 이 집에는 얼음의 뿌리가 꽃을 피우는 정원이 있다 얼음은 식음을 전폐하고 봄의 거인이 되어간다 즐거운 거인이 되는 방법을 배울 수 있다면 얼음은

백 개쯤의 문장을 씹어 삼킬 수도 있다 얼음이 살던 집으로 거인이 이사 오던 날 얼음을 손바닥 위에 올려놓고 심장 속으로 꽃의 문장을 집어넣었다 거인은 눈송이의 목을 따서 꽃을 훔쳤다 꽃이 흘린 핏자국을 닦으며 거인은 노래 부른다 얼음은 나뭇가지 위에 꽃봉오리로 맺혀 있다 거인의 귀환을 환영한다는 문장을 삼킨 발칙한 표정의 입김으로

레퀴엠

어린 소녀의 목소리를 닮고 싶은 것 가늘고 매력적이고 목적지가 불명확한 것
풀의 뿌리를 닮은 것 달의 웃음소리가 스며 있는 것
플룻의 구멍처럼 비밀이 많은 것 그 구멍마다 구름을 낳고 키우는 것
그 구름의 목젖을 열어 발성 연습을 시키는 것
구름의 목소리를 찢고 나온 나무가 허공 위로 뛰어내리는 것
목소리의 날개는 꽃의 신발처럼 가볍게 하강하지
아름다운 이야기는 날개 밑에서 산산조각 나지
얇고 가느다란 입술을 닮은 것 어린 구름의 목청에서 핏물이 솟아오르는 것
계단의 뒤꿈치를 뛰어내리는 운동화
다급하게 달려가는 고양이와 검은 계단을 오르는 그림자
입 벌린 음계 위를 걸어가는 발자국 자꾸만 벌려진다는 입
발성하고 싶은 순간의 뒤통수를 비추는 달빛

어린 소년의 목소리를 닮고 싶은 것 길고 매혹적이고
목적지를 모르는 것

사루비아

 오래전 꿈에서 만난 구름을 꿈에서 다시 만났다 사슴과 기린이 따라온다 사슴은 뿔이 아름다운데 기린은 목이 멋있어 말하며 너는 웃는다

 구름이 웃는 걸 보면 왜 기분이 좋아지는 걸까 너의 웃음에는 흰 꽃이 목구멍을 넘어가다가 사루비아를 피우는 벌판이 펼쳐져 있는 동네가 있다

 우물에서 하루를 여행하고 싶어라고 너는 말한다 구름은 우물 속으로 내려간다 내려와 같이 죽어버리자 나는 고개를 젓는다 같이 갈 수 없어 나는 우물 안을 바라본다

 기린의 목을 쓰다듬는다 기린은 목이 길어서 아름답고

 사슴은 뿔이 사슴다워서 멋있고

 들꽃이 있고 사루비아가 막 피어나고 있는 동네다 사루비아가 어떤 꽃이었더라 사슴의 입술이었던가 기린의 다리였던가

 구름의 품속에서 울던 기억이 난다 너는 참 따뜻했는데 꿈이어서 나를 달래줄 수가 없었다 너는 우는 나를 올려다보며 우물 속에 앉아 있다

올라와 올라와 나는 우물 속에 있는 너에게 소리를 지르고 나는 계속 울고 있고

꿈이어서 구름에게 사랑한다고 고백할 수가 없었다 오래전 꿈에서 만난 너를 꿈에서 다시 만날 줄이야

햇빛 같은 목소리

 너는 내가 구성한 목차여서 넓은 정원에 풀어준다 그곳엔 새가 날아오고 새가 날아와서 지저귄다 꽃이 다시 필 거예요 곧 봄이 올 거예요 나는 꽃이 피면 무얼 하지 생각한다 한 잎의 이파리에 이슬을 달아야지 그 이슬 속으로 소풍을 가야지 너는 이 이슬로 목이 축여질까마는 너와 꽃을 심는다 흙을 가꾼다 아아 아름다워 너는 나의 가지에 꽃을 달아준다 이런 꿈이 매일 찾아오면 좋겠어 내가 밤새워 만든 이슬이야 너는 아이처럼 얼굴을 파묻고 운다

 나는 나무로 서 있는 공기 방울
 너는 투명한 나뭇잎들
 나를 감싸고도는 맑은 공기 같은 나뭇잎들
 곧 사라지겠지만 입안에 풍성한 구름을 물려준다
 구름이 온몸을 타고 돌아다닌다
 이 구름은 달콤한 쿠키 같고 엄마의 품속 같은데
 우린 한 회오리로 숲속을 날아다녔지 나는 네가 좋아하는 꽃이어서 얼굴이 없고 몸의 흔적들이 사라져 버렸다

숲속에는 네가 그려준 얼굴이 나뭇잎으로 반짝이고 네 가지 빛깔의 시간이 제멋대로 흘러가는 공기가 있고 네가 흘린 땀방울이 바람이 되어 밀려오는 음악이 있다
 햇빛 같은 목소리로 너의 눈 속을 흐르다 너의 목소리로 노래 불러도 너는 내 얼굴을 알지 못한다는 듯 투명한 바람으로 흘러갈 뿐이다 너는 내가 읽은 목차여서 넓은 정원이 아름답기만 하다

눈송이의 불안

첫눈이 온 날 너는 걸었다
마을 공원과 숲길을 건너 신호등 지나 도서관까지
네모난 창문이 있고
유리에 빗금으로 내려오는 눈송이들
너는 눈송이들과 입술로 인사했다
살면서 살아가면서
어느 순간 눈송이가 되고 싶지만
도서관 안에는 눈송이가 없고
눈송이를 닮은 활자들만 웃고 있을 뿐
너는 활자와 친해지려 노력한다
그가 사랑한다고 말했을 때
너는 뭉친 눈송이를 건넸을 뿐

  눈이 내린다 너는 생각한다 그는 도서관 밖에 있을까
너는 활자를 본다 그가 전화를 할지도 몰라 볼이 발갛게
타오르고 너의 의식은 웅성거린다
    그는 눈송이의 감각을 좋아하지 사각사각 눈송이의
소리를 눈송이와 눈송이 사이의 수평을 눈송이가 내려

오는 산책은 개가 동행해도 좋다 생명이 다한 눈송이는 총알처럼 최후를 맞는다 얼굴이 검게 그을린 눈송이 총부리를 겨누는 저격수의 강렬한 눈빛이면 좋다
 달빛이 드넓은 평원을 점령할 때 눈송이는 수평이 되지
 흰곰이 지나가면 늑대와 뒹구는 눈송이의 최후
 도서관에는 흰곰이 없고 따뜻한 주전자가 없고
 머리맡에 피어 있던 붉은 장미의 커튼이 없고 흘러내리는 붉은 핏자국도 없고
 눈송이와 눈송이들의 도서관을 생각한다
 자전거 바퀴가 도서관을 지나간다 하늘은 흐리고 그가 지나가는 꿈
 그가 눈송이와 지나가는 꿈
 자전거와 그와 눈송이가 아름답다
 아름다워서 살의를 느낀다고
 너는 노트 위에 쓴다
 첫눈이 온 날 너는 걷는다
 도서관 안의 눈밭을, 흐릿한 기억 속을

눈송이들이 속삭였지
사랑한 건 너뿐이야 총부리를 거두어줘
도서관 불이 꺼지고
뒤틀린 눈송이 위에 포개지는 눈송이 무지개처럼 언덕은 두 팔이 없지
창밖에는 눈사람이 서 있다
너는 어디에 있을까
그는 눈송이와 입술로 인사한다 눈송이의 촉감은 차갑고 포근하고 그리고 금방 울 거 같다

케이크가 된 사람

 부드러운 시간을 베어 물면 좋겠어 납작한 코와 스펀지 같은 입 그 입이 물고 있는 초의 긴 손가락이 되어 둘러앉은 얼굴을 익히느라 움찔 촛불이 놀란다 녹아든 팔다리가 생크림 위에 앉아 밀어 올리는 촛불의 노래

 이웃들이 축가를 부르는 사이 주인공의 얼굴이 붉은 공기처럼 타오른다 한 사람이 케이크 속으로 손을 넣는다 또 한 사람이 케이크 속에서 어깨를 꺼낸다 층층 겹쳐지는 단층의 시간들

 모두 돌아간 뒤 한 얼굴이 생크림 속으로 들어가 눕는다 누워서 생각한다

 두 눈을 감고 말랑말랑해지는 사람 낯선 방문 속으로 팔과 다리를 움츠리고 녹아버린 사람 케이크가 되어 폭죽이 되어 환하게 폭발하면 좋겠어

설레임의 혀

 두 계절을 동시에 지나간다 너는 여름의 향기로운 수염을 가졌고 겨울의 가장자리에는 너의 문장이 질병에 시달린다 징검다리를 걷는데 저쪽에서 네가 나를 대신해서 서 있다

 이 세계에 와 본 거니? 이 세계에서 도대체 무얼 한 거니?

 나의 혀를 바라보며 너는 소나기에 젖는다 나의 문장은 너의 문장과 다르다

 얼음의 문장을 빠져나온 눈동자는 여름의 벌판에서 떨고 있다

 이리 와바 이곳엔 마른풀들과 박제된 사슴이 있어

 옆에서 바라본 겨울의 호수에는 여름의 세계가 있다

 겨울의 문장과 여름의 문장이 나란히 앉아 있다 눈을 먹는다 바람을 마신다

 이런 상황은 꼭 수염 끝에 매달린 두 줄기 고드름 같다

 고드름의 향기로운 칼날에는

 혀끝에서 맴도는 매혹의 입이 있을 거 같다

 네가 키워 온 여름의 호수 안을 엿보며 연인들이 지나

간다

 이 세계는 너와 다녀오고 싶다 여름의 문장과 겨울의 문장의 중간에 우리는 서 있다

 눈을 크게 뜨고 너는 나의 문장에 다녀온다

 책 위에서 너는 미세한 떨림으로 천천히

 두 세계를 지나간다

 여름의 들판에서 파랗게 피어나는 풀들과 식사를

 겨울의 벌판에서 하얗게 돋아나는 눈사람처럼

 너는 나의 세계를 나보다 더 먼저 왔다 갔다는 듯이

 꼭 그렇게 저쪽 끝에서 나를 추억하며 걷고 있다

5부

산문

| 산문 |

상상 너머에서 부르는 노래

 시를 쓰는 날엔 슬프고 기쁜 여행 같은 느낌의 날씨들이 나무들처럼 서 있곤 했습니다. 불현듯 방문한 구름의 정체를 나는 시라고 명명해 보려고요. 구름이 아니라도 상관없을 거 같아요. 저 미지의 바닷속 같은 곳에서 은거하는 한 마리 눈송이여도 좋을 거 같아요.
 그 이질적인 것들과의 만남 속에서 열광하는 심해어 같은 혹은 파도 소리 같은 환청들이 귓가에서 맴돌곤 했습니다. 이 환각의 눈송이들이 내 시를 이루고 있는 물질들입니다. 그 눈송이 조각에 영혼이 들어 있다고 믿는 폭설의 담장이 늘어서 있는 겨울날의 거리를 상상해 보세요. 그 골목길에 앉아 놀고 있는 12월의 날씨와 태양의 각도 같은 비교적 잘 어울리는 질료들은 눈송이들의 회의입니다. 눈송이의 차갑고 아름다운 색채를 마음속에 간직하고 싶었습니다. 그것이 현실에서는 불가능하지만 상상 속에서는 가능하니까요. 눈이 쌓인 12월의 거리를 걸어가는 눈송이들의 행렬을 생각해 보세요. 전쟁도 추위도 모르는 채, 배고픔 따위 땅속 깊이 묻어둔 채, 사랑이나 그리움 같은 일련의 감정도 잊은 채 무조건 당신의 세계로 걸어오고 있는 눈송이들의 행렬이라면, 당신은 지금 창을 열고 밖을 바라보고 싶어질 수도 있을 거 같군요.

여름과 겨울이 공존하는 세계, 하얀 눈송이 속에서 구름들이 은거하는 세계, 여름의 호숫가에 앉아서 눈송이들이 팥빙수를 먹는 상상, 눈송이들은 전쟁의 실상을 알지만 관여할 수가 없군요. 무능력해서 기도밖에 할 수가 없는 눈송이들이에요. 프로이트는 현실을 간과하지 않는 욕망에 주목하지만, 들뢰즈는 전쟁기계와도 같은 욕망의 폭력에 대해 경고해요. 이렇게 차고 따스한 눈송이의 세계들이 시의 세계라면, 시 속에 현실이 없다고 말할 수 있는 걸까요. 시는 곧 현실이면서 상상이면서 현실 이전의 혹은 현실 너머의 세계일 것 같아요. 그러니까, 시는 현실과 상상 너머에서 고뇌하는 어떤 노래라고나 할까요. 겨울과 여름이 공존하는 시의 세계를 걸어가고 싶었습니다. 그 겨울의 차갑고 신비로운 세계에서는 나보다 먼저 걸어가고 있는 구름들의 노래가 들려왔습니다. 나를 대신해서 나의 아픔을 보듬고 울고 있는 눈송이들이 햇볕에 반짝이고 있었습니다.

먼 곳의 하늘로부터 아직 전쟁의 포성이 들려옵니다. 시의 아름다운 세계를 지향하지만, 현실의 무시무시한 공포 앞에서는 아무것도 할 수 없는 이 무력한 문장들로 사죄를 구해요. 평화를 원합니다. 창을 열고 가을 하늘을 바라봅니다. 푸른 하늘이군요. 뭉게뭉게 구름이.

| 해설 |

길고, 매혹적이고, 목적지를 모르고, 흘러가는

김춘식(문학평론가)

 일반적으로 시는 짧고, 압축되어 있으며 완결된 형식을 지니고 있다고 말해진다. 시에 대한 일반론을 굳이 말할 필요까지는 없겠지만, 아무튼 '상상력'의 자유로운 표출을 지향하는 시에 대해서, 알고 보면 우리는 오히려 더 엄격한 장르 개념과 형식적 절제의 의식을 지니고 있는 것이다.
 이어진 시인의 이번 시집에 실린 시편들은, '자유분방'한 상상력의 유희를, 언어의 유연하고 활달한 사용을 통해 '섬세한 미학'으로 완성시키는 성취를 잘 보여주고 있다는 점에서 모두 완성도가 상당한 뛰어난 우수한 작품들이다. 또한 이번 시집에 실린 시들은 어떤 형식적 규칙에 얽매이지 않고 자유로운 수사와 언어적 유희로 스스로의 길을 열어 가는 작품들이어서 그 새로운 언어 감각 또한 주목할 만하다.

"길고", "매혹적이고", "목적지를 모르는 것"이라는 문장은 그래서 하나의 '시적 테제'처럼 읽힌다. 이번 시집의 4부 제목이기도 한 이 문장은 이 시집에 실린 시인의 시적 특징과 향방을 잘 보여준다는 점에서도 상당히 시사적이다.

"목련을 생각하는 동안 창문은 세탁기에서 뭉개진 꽃잎을 꺼내 빨랫줄 위에 사뿐사뿐 걸고 있다"(「목련 기술자」)나 "구름은 복면의 바람으로 방문하고 나무처럼 서 있다 지는 꽃잎으로 사라졌네 나무의 어깨를 감싸 쥐면 손 안 가득 감기는 자취 나이테 안에 넣어두자 했네"(「벚꽃 크로키」)와 같은 시 구절은 이 시인의 언어 감각이 지닌 독특한 특징을 잘 보여주는 구절들인데, "길고", "목적지"를 "모르고" 흘러가는 하나의 문장을 읽는 그런 느낌을 독자들에게 준다.

한국시의 언어 감각이 '명사'로 압축되거나 '짧은 문장으로 완결된' 형태를 벗어나서, '동사'나 '부사'의 활용이 두드러지는 '동적인 문장'이 중심을 이루는 현상은 이미 꽤 오래전부터의 일이다. 이어진 시인의 '흐르고', '연속되며', '늘어지는' 리듬과 이미지 전개는 이런 현상의 한 측면을 보여줄 뿐만 아니라 그런 문장에 실린 '내면'을 보여주고 있다는 점에서 기존 시들의 단점을 넘어서는 측면도 동시에 지니고 있다.

'역동적이고 흘러가는 문장'이 단순한 유희적 느낌을 넘어서, 그 유희에 담긴 감성과 마음의 울림을 동시에 보여주고 있는 것은 이어진 시의 큰 장점이다. 유희의 원동력이 언어의 '솔직 담백함'과 진정성에서 우러나온다는 신뢰감으로 인해 표면적으로는 상당히 경쾌한 문장인데도 불구하고 읽는 이로 하여금 오히려 묘한 슬픔을 느끼게 하는 것이다.

"길고", "목적지를 모르는데", "매혹적인 것", 이것을 '시'라고 하자. 이어진 시의 문장의 길이나 시의 실제적 길이와는 무관하게 이어진 시인의 시상(詩想)은 그래서 '길고', '목적지가 없다'.

"그물에 걸리지 않는 바람"처럼 시적 이미지와 연상되는 언어가 서로 서로를 연결시키고 다시 흘러가 버린다. 의미의 불확정성은 언어의 긴 여정에 목적지가 보이지 않기 때문에 오는 현상이고 따라서 그런 불명료함이 오히려 '매혹'을 낳는다. 바람에 목적지가 없듯이 이어진의 시어에는 애초에 정해진 방향이 없는 것이다.

"목련을 생각하는 동안 창문은 세탁기에서 뭉개진 꽃잎을 꺼내 빨랫줄 위에 사뿐사뿐 걸고 있다"(「목련 기술자」)라는 시 구절에서, '목련을 생각하는 동안'이라는 시간과 "창문은 세탁기에서 뭉개진 꽃잎을 꺼내 빨랫줄 위에 사뿐사뿐 걸고 있다"라는 사건은 동시적이지만 아무런 연관성이 없는 사건들이다. 그런데, 이 두 사건이 하나의 문장으로 서술되면서 이 두 개의 사건은 결국 '한 몸'이 된다.

'목련을 생각하는 동안'이라는 '시간'을 중심에 놓으면 '빨랫줄 위에 꽃잎이 걸리는 사건'은 어떤 주체의 동작이 아니라 '창문'에 비추어진 풍경의 변화이다. 그러니까 이 문장에서 핵심적인 '연결의 모티프'는 '동안'이라는 정지된 시간과 '사뿐사뿐 걷다'라는 움직임의 대조이다. '생각하는 동안'의 정체된 '순간'과 '창문 밖 풍경의 변화'를 "사뿐사뿐 걸고 있다"라는 동작으로 대비시킴으로써 '정지'된 시간과 움직이는 시간이 서로 나란히 '병렬'되는 메타포를 만들고 있는 것이다.

 이어진의 시에서 '길고'는 이 점에서 'Never ending'의 의미에 가깝다고 할 수 있다. 목적지를 모르고 흘러가기 때문에 이 시들은 끝나지 않고 '길게' 늘어질 수밖에 없는 것이다. 그리고 이런 '정처 없음'이 '매혹적'이라면 그것은 일종의 '무상(無常)'과 '애상(哀想)'이 주는 느낌을 동반할 수밖에 없는 것이다.

 "구름은 복면의 바람으로 방문하고 나무처럼 서 있다 지는 꽃잎으로 사라졌네 나무의 어깨를 감싸 쥐면 손 안 가득 감기는 자취 나이테 안에 넣어두자 했네"(「벚꽃 크로키」)라는 구절에서 '벚꽃'은 아주 긴 배후를 지니고 있는데 시인은 지금 그 배후를 그리고 있는 것이다.

 벚꽃의 배후는 눈앞의 현재적 시간이 아니라 구름이 복면을 쓴 바람으로 와서 나무처럼 서 있다가 지는 꽃잎으로 사라지는 '길게 연결된 시간'이다. 구름, 복면을 한 바람,

나무, 꽃잎, 그리고 자취로 남는 나이테까지의 긴 배후의 시간을 시인은 '하나의 문장'으로 적음으로써 '벚꽃'을 단순한 대상이 아니라 모든 인연과 순간이 '접촉'하고 있으며 다른 여타의 타자들이 '동시적으로 공존하는 대상으로 그려낸다.

이렇게 사물에 생명과 활력, 그리고 마법적 신비를 동시에 부여함으로써 언어와 사물이 동시에 살아 있다는 느낌을 자아내고 있는 것이다.

   사물과 사물의 얇은 틈에 실타래를 끼워 넣고
   나를 공기의 음악으로 채워 넣고
   이 긴 말들의 놀이로 한 뼘 한 뼘 줄넘기를 할 수 있다면
   빌딩과 빌딩의 간절한 간격 사이에 한밤중의 비틀어진 감정을 데려와 내 그림자와 오래 흘러갈 수 있다면
   당신과 나의 말들이 머리와 얼굴을 바꾸며 산과 들을 달리는 한 마리 싱싱한 바람이 될 수 있다면
   가령 그것은 목을 길게 빼고 하늘에 가볍게 젖어 드는 일
   두둥실 누워서 바람으로 떠오르는 일
   싱그럽게 공기처럼 흩어지는 일
   눈을 감고 당신의 입속으로 스며드는 일
   나의 눈동자를 고요한 사물에게 박아주는 일
   그리하여 텅 빈 몸으로 사물의 중심을 가볍게 통과하는 일
   미치도록 죽고 싶어 다시 돌아오는 봄의 환희

거리에 나서면 그렇게 빼낸 나와 당신의 눈동자들이 겨울의 무거운 옷을 벗고 무수한 꽃을 바람처럼 통과하는 중
―「투명인간으로 사물 통과하기」 전문

인용한 작품은 앞에서 말한 사물과 하나 되기, 그리고 모든 시간의 동시성을 하나의 장면으로 포착하는 일, 사물과 사물을 연결하고 그 배후를 읽는 일에 대해서 말하고 있는 시다. 이어진 시인의 시가 단순한 언어유희 이상의 의미를 지니는 것은 그의 시가 무의미나 의미의 착란에 머물지 않고 적극적으로 새로운 차원의 '시적 의미'를 모색하고 있기 때문이다. 「투명인간으로 사물 통과하기」는 이 점에서 시인의 시 쓰기에 대한 '자의식'이 직접적으로 드러난 작품으로 읽힌다.

우선, 이 시는 1행~5행이 "~할 수 있다면"이라는 가정의 문장으로, 그리고 "6~13행"은 그 가정을 통해 가능한 일과 새롭게 획득하게 되는 의미에 대한 서술로 구성되어 있다. 비교적 단순한 이원적 구성을 이루고 있지만 그래서 시인의 '자의식'을 읽기에 적절한 작품이기도 하다.

"사물과 사물의 얇은 틈에 실타래를 끼워 넣고" "이 긴 말들의 놀이로 한 뼘 한 뼘 줄넘기를 할 수 있다면"이라는 두 개의 시 구절에는, 이어진 시인의 창작 방법과 시의 특성에 대한 힌트가 그대로 나타난다. '사물과 사물을 연결하고, 긴 말들의 놀이'를 하는 것이 시 쓰기의 시작이라면,

그러한 놀이가 필요한 이유는 "빌딩과 빌딩의 간절한 간격 사이에 한밤중의 비틀어진 감정을 데려와 내 그림자와 오래 흘러갈 수 있다면"이나 "당신과 나의 말들이 머리와 얼굴을 바꾸며 산과 들을 달리는 한 마리 싱싱한 바람이 될 수 있다면"이라는 소망 때문이다. '간절한 간격 사이에 비틀어진 감정'이 '내 그림자와 오래 흘러'가게 한다는 것이 시적 소통을 암시한다면, '당신과 나의 말들이 머리와 얼굴을 바꾸며'는 타자와 나의 '혼종'의 상상으로 보인다. '소통과 한몸 되기'를 언어적인 '착종'을 통한 긴 글(결코 끝나지 않기에 목적지도 없는)로 흘러 가게 하는 것이 그의 시이고 시적 언어의 리듬이다.

이 시는 이어진 시인의 다른 작품에 비하면 비교적 단순한 편인데, 그것은 이런 자의식의 드러남이 비교적 선명하기 때문이다. 즉, 이 시는 "투명인간으로 사물 통과하기"가 자신의 시적 방법임을 진술의 형식으로 나타낸 작품이라고 할 수 있다.

이어진 시인의 작품이 어딘가 '처연한 아름다움' 같은 것을 느끼게 한다거나 '언어의 연속이 현란하기보다는 미적'이라는 느낌을 주는 것은 아마도 '매혹'에 대한 시인의 생각 때문일 것이다. '사물'에서 사물의 배후를, 그리고 잔상 속에서 사물의 본질을 역으로 보려는 과정은 '순간에서 전 인생(全人生)'을 읽어 내는 것과 다르지 않다. 즉, 이런 시는 대부분 '순간성'에서 '영원'을 현현하려는 의지를 보이는데, 이런 의지는 '종종' '순간'과 '찰나'에 대한 매혹과 '비의 (秘意)'에 대한 경도로 나타난다. 이어진 시인의 시에도 이런 점이 잘 나타나는데, 그의 시에서 매혹은 곧 '사물'의 '비의(秘意)', 즉 이면에 대한 '집착' 같은 것이다.

> 내 눈동자를 빼내어 지폐의 주머니에 넣고
> 흔들흔들 시장 안을 걸어봤으면
> 구름의 눈 속에 내 집요한 문자를 한 획씩
> 집어넣을 수 있다면
> 이빨들을 빼내어 장미의 주머니에 넣고
> 산들산들 공원 안을 산책하고 싶어
> 장미가 얹힌 붉은 담벼락 봄의 말 없는 입처럼 고요하지만
> 시간은 고개 숙인 태양으로 벽돌의 어깨만 흘리고
> 나는 봄의 머리를 얼굴에 달고
> 책의 문장 안에 스며들고 싶어
> ―「봄의 무희」 부분

이 시는 유머러스하면서도 경쾌한 언어 감각이 돋보이는 작품이다. 모든 사물의 '혼종 상태'를 언어의 '착란 혹은 착종'으로 교차하고 병렬시켜 보여주는 것이 시인의 창작 방법이라는 점을 떠올린다면, 이 시는 이런 스타일의 한 표준으로 읽힌다. 내 눈동자, 이빨은 지폐와 장미의 주머니에 넣고, 내 머리에는 봄의 머리를 달고, 구름의 눈 속

에 나의 문자를 집어넣는다. 그리고 책의 문장 안에 나의 이런 산책을 스며들게 하는 것. 이런 경쾌한 산책은 아마 온 우주의 사물과 내가 하나로 만나는 시간에 대한 감각화 과정일 것이다.

그러니까, 이어진 시인의 시는 단순한 언어유희가 아니라 언어의 착란을 실제의 감각으로 환원시키는 '상상력의 감각적 동원'이라고 할 수 있다. 언어에 감각을 부여하고 동시에 상상력으로 만들어진 추상적 이미지에 구체적 감각의 형상을 접합해서 의미의 형성이 가능해지게끔 하는 그런 시적 전략인 셈이다.

이런 시인의 방법론은 모호하지 않고 이미 상당한 구체성을 지닌 시적 자의식이라는 점에서 높이 평가될 만하다. "책의 문장 안에 스며들고 싶"다는 직접적인 발화는 상상력으로 빚은 이미지가 구체적인 의미로 '현현'하는 과정을 암시하는 알레고리적인 표현으로 읽힌다. 말이 '힘'을 지니고 있기에, 말로 하는 '상상'은 단순한 유희가 아니라 실제적인 '감각'을 만들고 현실의 '체험'만큼 실감이 가능하다. 책의 문장 안에 '봄의 머리', 즉 '봄의 감각'을 스미게 하거나 구름의 눈 속에 '문자'를 새겨 넣는 것이 가능한 이유는 '말'이 구체적인 힘을 지니고 있다는 상상에 의해서 가능한 것이다

얼굴보다 먼저 땅에 떨어진 게 있었다

꽃잎뿐만 아니라 꽃을 피우도록 애간장을
다 바친 뿌리의 눈알이 흥건히 고여서…….

−「동백」 부분

인용한 구절은 시 「동백」의 프로롤그에 해당하는 부분이다. '동백'의 얼굴보다 먼저 떨어진 '뿌리의 눈알'을 말하는 시인의 태도는 그의 시가 '꽃잎'이 아니라 '뿌리의 눈알, 애간장'을 더 주목하고 있음을 알게 한다. 이어진 시인의 작품은 이야기조의 긴 호흡과 리듬의 언술로 되어 있지만 이런 '길고, 매혹적인, 목적지 없이 흘러가는' 시적 언술에 의미와 감정이 배제되어 있지는 않다. 뿌리의 눈알과 애간장은 이 점에서 이 시의 핵심적 전언이고 '꽃잎'의 배후, 이면에 해당된다.

목적지에 대한 강박이 없다는 점이 오히려 사물의 '본래적 의미'를 더 잘 '현현'할 수 있다고 생각하는 것, 그것이 아마 시인의 생각인 듯하다. '대지의 은폐를 걷어내는 시적 현현'처럼, 시인은 '동백의 꽃잎이 만든 처절함' 속에 깃들어 있는 '뿌리의 애간장과 붉은 눈알'을 날카롭게 주시하고 있는 것이다.

나무가 뜨거운 불이었을 때 쉼 없이 활활 타올라 온몸의 기운이 한쪽으로 쏠리고 마침내 거대한 숨을 참지 못해 꽃잎을 피우는 봄밤 어딘가로 솟구치고 싶은 마음에 방문을

연다

  차고 축축한 나뭇가지의 방에서 걸어 나오는 겨울 곰 한 마리가 나무 밑에 가 눕는다 당신이 겨울 동안 남극이며 저 북쪽 툰드라 지역 어딘가를 돌아다닐 적에 당신의 가죽이 되어주었던 곰

  당신이 그토록 기다리던 동백이 드디어 폈는데 꽃을 보아줄 이 없으니 그게 서럽다고 나뭇가지들이 앞다투어 울었다 나무 안에서 기어 나온 곰이 해맑게 웃는 무색한 봄날 길게 뻗은 곰의 발바닥 안에서 새싹들이 움텄다

  …(중략)…

  곰 하고 불러보다 어느 한 날 곰의 얼굴을 빌려올 수 있을까 얼굴이 없어진 날부터 나는 사실 당신 얼굴을 내 몸 위에 얹고 어슬렁어슬렁 공원을 돌고 있는 상상을 하느라 꽃잎이 툭 하고 떨어지는 줄도 모르고

-「동백」 부분

  '동백'에서 사자를 발견하고(송찬호), 동백꽃에서 목이 쉰 노랫가락을 발견하고(서정주), 또 누구는 동백에서 순종을 모르는 처절한 저항을, 목이 떨어져 나가는 절정을 보듯이, 동백에서 어떤 시적 형상을 찾아내는가 하는 것은 언제나 그 이면의 '생명력'을 어떻게 읽느냐와 관련된다.

  이 시에서 동백은 '피어나는' 주체가 아니라 '보여지는 대상'으로 위치가 바뀌어 있다. 시인이 동백에서 뿌리의 애

간장을 보듯이, 인용한 부분에서는 '동백'이 피었지만 꽃을 보아줄 이 없으니 나뭇가지들이 서러워 앞다투어 우는, 그런 상황이 연출된다. 뜬금없이 나뭇가지에서 기어 나온 '곰'은 이런 꽃의 서러움을 해맑은 웃음으로 바꿔주고, 시인은 그 곰의 얼굴을 빌려서 어슬렁거리며 공원을 도는 상상을 한다.

'곰이 어슬렁거리고 다니는' 이미지는 약간 유머러스한데, 문제는 이 곰이 여기서 왜 나올까 하는 것이다. 상상력의 자유로운 유희로 볼 수도 있지만 어쩐지 이 곰의 등장은 단순한 '언어유희'나 재미를 위한 상상력의 동원만으로 생각되지는 않는 점이 있다. '곰'은 여기서 '봄'의 언어적 대체로 읽히기도 하는데, 봄이, 곰으로 말 그대로 미끄러지면서(환유의 인접성 원리) 봄의 이미지에 '곰'의 형상과 이미지가 겹치고, 그로 인해서 봄이 곰의 동작으로 움직이는 '연상'이 가능하게 된 것으로 보인다.

곰의 얼굴을 한 봄, 그리고 그 얼굴을 빌려 공원을 산책하는 '나', 이런 유희적인 혼종은 결국 동백의 '처연함'이나 '서러움'을 잊고, "꽃잎이 툭 하고 떨어지는 줄도 모르"게 하는 원인이 된다. 그러니까 이 시는 '동백꽃'의 처연함이나 슬픔이 아니라 '어슬렁거리는' 곰(봄)이 이런저런 서러움과 슬픔을 무화시키는 장면을 보여주는 작품이다.

이어진의 시어는 유쾌하고 경쾌하며 때로는 유머러스한데, 이런 가벼움은 그의 상상력이 보여주는 자유로움에서

연유한다. '가벼움'이란 때로 경박함을 의미할 만큼 부정적인 의미를 나타내기도 하지만 이어진 시인의 경우는 이런 부정적인 의미의 '가벼움'이 아니라 '바람의 발돋음'에 비유할 수 있을 만큼 '경쾌한' 시적 수사력에 대한 찬사에 해당한다.

이 글의 앞에서도 말했듯이, 시인의 언어는 '길고, 끝나지 않는 이야기'의 성격을 지니고 있고, 시인 역시 '매혹적인 언어의 탐색자'로서 '길고, 목적지가 없는', 혼종의 언어를 만들어 내는 사람으로 스스로를 규정하고 있는 듯하다. 만약, 이런 명확한 시적 자의식이 보이지 않았다면, 그의 시는 다른 한편으로 단순한 언어 유희나 시어의 무방향적 실험을 앞세우는 '실험시의 에피고넨'으로 읽힐 수도 있었을 것이다.

이어진 시인의 언어에 대한 태도 안에 '시적 마법'과 '마법적 상상력'의 지향이 상당히 깊어 보이는 점은 그래서 시인의 향후 행보에 대한 기대와 긍정의 직접적인 원인이 되는 듯하다. 독자의 입장에서 본다면 시인의 언어는 경쾌하지만 은은한 슬픔이 공존하는 것처럼 읽히는 특색이 있다. 시인의 작품에 나오는 사물이나 자연은 그래서 시라는 마법에 걸린 대상이고 이런 점은 이어진의 시에서 '동화적인 상상 세계'를 찾아낼 수 있는 이유이기도 하다.

구름 하고 부르면 눈을 몰고 오는 어느 부족에 관해 생각하는 날이네 당신은 바람으로 흐르고 나는 음률에 실려 어딘가로 날아가고픈 날 당신은 알 수 없는 지도를 펼쳐 놓고 나무 위를 올라가는 상상을 하지

왜 내 기억에는 당신의 아름다운 모습만 각인되어 있는지 비 하고 부르면 폭설이 몰려오는 어떤 들판 위에 누워 거친 바람 하나 덮고 누워 사람을 떠난 어느 행성과 대화를 하네 내일은 전화를 걸어볼까 별에게 눈 뭉치를 쏘아 올리면, 눈 속의 당신이 추운 들판으로 내려올까

당신과 이별 후 막막하게 꽃이나 나무의 이름을 부르며 겨울 들판 위에 누웠었다고 편지를 보내볼까 바람이 눈보라를 몰고 오는 저녁, 달이 큰 나무 위에 앉아 흰 피리를 불고 있을지도 몰라 석양의 고도가 아프게 내려앉는 날 바람 하고 부르면 눈 온 들판 위에 누워 울고 있는 사람 손끝에서 별이 뜬다고 벌써부터 눈보라가 그칠 조짐

눈 하고 부르면 어느덧 구름으로 흘러가고 있는 사람
－「구름의 부족」 전문

"구름 하고 부르면 눈을 몰고 오는 어느 부족(部族)"이 살고, "비 하고 부르면 폭설이 몰려오는 어떤 들판"이 있는 세상은 '말과 대화'에 깃든 마력이 존재하는 곳이리라.

시인의 꿈이나 동경, 그리고 언어의 아름다움은 이런 '아름다운 상상'에서 온다. 말은 대화로 흐르고 그 대화는 한순간도 멈추어 있지 않다. "사람을 떠난 어느 행성과의 대화"는 별과 인간을 서로 이어주고 마음의 온도를 서로 전해준다.

"하늘의 별을 보고 길을 찾는 시대는 얼마나 아름다웠는가"(루카치)라는 향수 섞인 말 속의 아름다움은 사실은 이 시처럼 '행성과의 대화'가 가능한 시대를 말하고 있는 것이기도 하다. 이 시에서 '당신'이 여전히 아름답고 간절한 이유는 이별 후에도 여전히 언어의 밀고 당기는 긴장 속에 '그리움'의 언어로 남아 있기 때문이다. "눈 하고 부르면 어느덧 구름으로 흘러가고 있는 사람"은 언어의 의미가 아니라 '존재의 힘'으로 서로의 운명이 맞물린 사람, 즉 시인이 아닌가.

시인수첩 시인선 080
사과에서는 호수가 자라고

ⓒ 이어진, 2023

초판 1쇄 인쇄 2023년 11월 10일
초판 1쇄 발행 2023년 11월 17일

지은이 | 이어진
발행인 | 이인철

펴낸곳 | (주)여우난골
주　소 | 서울특별시 강남구 언주로30길 27. 606호 (도곡동 우성리빙텔)
전　화 | 02-572-9898
팩　스 | 0504-981-9898
등　록 | 2020년 11월 19일 제2020-000328호

블로그 | blog.naver.com/seenote
이메일 | seenote@naver.com

ISBN 979-11-92651-19-4 03810

* 파본은 구매처에서 바꾸어 드립니다.

* 이 시집은 한국출판문화산업진흥원의 '2023년 우수출판콘텐츠 제작 지원' 사업에
  선정되어 제작되었습니다.